迷える工務店・
設計者のための

ココロをつかむ
住宅提案術

アミーゴ小池

学芸出版社

はじめに

知識を持ったお客様が増えた今、私たちプロもウカウカとはしていられない！

皆さん、はじめまして。**住宅系 YouTuber・アミーゴ小池**こと、建築総合コンサルタント「株式会社 Amigo（アミーゴ）」の代表を務める小池純と申します。

私どもアミーゴは、建築・設計業務を行うほか、工務店や施工店、設計事務所の方々など住宅建築に携わるプロをはじめ、マイホームを建設中あるいは検討中のお施主様、そして不動産業者の方々など様々な人を対象にコンサルティングを行っている会社です（詳しくは222〜223ページをご覧ください）。なかでも主な業務となっているのは、われわれが「施工店様コンサル」と呼んでいる住宅建築のプロの方々へのコンサルティングで、これまでに１５００人を超えるプロからのご依頼をいただいてきました。

また、そうした業務と並行して、近年力を入れてきたのがYouTuberとしての活動です。２０２1年12月から**YouTubeチャンネル『Amigo住宅ゼミ』**をスタートさせ、「日本一わかりやすい建築情報チャンネル」を目指しながら、一般の方が家づくりをする際に知っておくべき様々な情報を発信するとともに、建築業界の名だたる方々とのコラボも実現してきました。

私の**チョッとうさんくさい見た目**とは裏腹に、マジメで役立つ情報を楽しくお届けし続けた結果、２０２４年６月現在、チャンネルの**登録者数は1・5万人超**となっています。

そんなわけで近年は、アミーゴでの「お客様コンサル」やYouTuberとしての活動を通じて、お施主様とのやりとりも増えました。そうした中で実感しているのは**「知識を持ったお施主様が増えてきた」**という手応えです。いわゆる**「プロ施主」**と呼ばれる人たちはもちろん、そこまではないにせよ、家づくりについて自分たちでシッカリと調べてからマイホームづくりに臨む人や、自身の家づくりのプロセスやコダワリについてSNSなどで積極的に発信し情報交換を行う人が、ひと昔前に比べると格段に増えたと感じます。

では一方、**プロ側はどうなのでしょうか？**

このようなお客様の変化に合わせて変わってきたと言えるでしょうか？

実は、施主のあり方以外にも、今の住宅業界を取り巻く事情は、昔と比べ様変わりしています。

だからこそ、われわれプロも日々学んでいかなければと、この業界に携わる一人として強く感じています。そうでなければ、厳しい現状の中、生き残っていくことは本当に難しいのです。

コンサル先の会社に提供したコンテンツから役立つノウハウを抜粋

そんな困難な局面にある建築業界で、情報や知識をシッカリとアップデートしながら生き残っていきたい！　でも、コンサルティングを依頼するお金もないし、状況を打開するアイデアも自分ではナカナカ思いつかない……。そんなお悩みを抱えた建築のプロの皆さんにぜひ読んでいただきたいという思いで書いたのが、この本です。

本書では、アミーゴの施工店様コンサルで提供している「**ＰＡＫ（パック）システム**」のコンテンツから、特に皆さんに役立ちそうな情報を抜粋してお届けします。

このＰＡＫシステムでは、弊社が独自に作成したテキストによるコンテンツの配信と、月１回のオンライン面談を利用者の方々に行っているのですが、配信コンテンツでは顧客獲得や売り上げアップ、業務の効率化などに関する様々なノウハウを提供しています（ちなみにＰＡＫシステムの利用者には、配信コンテンツを見て課題に取り組んでいただいたあと、弊社からのフィードバックを受けながら勉強していただいています。また、オンライン面談では、弊社から業務改善のアドバイスを行っています）。２０１８年４月にシステムを立ち上げ、現在87社からご利用いただけるまでになりました。

本書は、忙しいお仕事の合間に気軽に読んでいただけるよう、**具体的な事例**などを盛り込みながら、今のお客様・お施主様が何を考え、何を求めているのかがわかるようにまとめました。これまでの自社のやり方を振り返るきっかけになれば幸いです。

何はなくとも、まず成約。実施設計までの「初期」の段階を押さえよ

ここからは、本書のねらいや全体の構成についてお伝えします。

ハウスメーカーや工務店、設計事務所にお勤めの皆さんなら、「もっと契約を取りたい」「成約数を伸ばしたい」と思ったことが一度や二度、いやそれ以上あるのではないでしょうか？

実際、アミーゴの施工店様コンサルで、プロのお客様から最も多く受ける質問が、「今より**契約を取れるようになるには**、どうしたらいい？」です。

ホームページの作成やSNSの投稿に力を入れる工務店経営者は多いですが、そうした方法で集客が増えたとしても、自社に能力や商品が備わっていなければ最終的にはお客様を失うことになります。

あるいは、他社よりも値下げすることで成約数を伸ばそうとする会社もあるかもしれませんが、今は建築資材が値上がりしているうえ、人材不足で人件費も上がっています。つまり「値引きし

た分、たくさん売れればいい」といったことが簡単にできる世の中ではなくなっているので、成約欲しさに安さで勝負することは、会社の存続が危ぶまれるといった結果を招きかねません。

実は、大切なポイントは、もっと別のところにあります。本書では、家づくりにおける**初期**の段階に焦点を絞って、お客様に成約いただくためにどんなことが必要なのかをシッカリお伝えしていきたいと思います。

ちなみに、初期の段階というのは「来店したお客様から話を聞き取り、聞き取った内容をもとに間取りを提案して、その提案が採用されて成約をいただくまで」のプロセスになります。実施設計や現場での工事が始まる前の一番最初のプロセスですが、私からしますと、この初期の段階でお客様とどのように関わっているのかを見るだけでも、その会社の本質やプロとしての姿勢がわかると言えるくらいに重要なプロセスだと思っています。

建築のプロに求められているのは〝いい家を建てる力〟だけじゃない

私、アミーゴ小池が皆さんに伝授したい「顧客満足度を高め、成約に結びつけるための方法」は、次の5つです。

●「ヒアリングでお客様の未来を引き出す方法」↓1章でお伝えします
●「デザインの方向性をお客様と一緒につくる方法」↓2章でお伝えします
●「住んでから後悔しない、失敗のない間取りを提案する方法」↓3章でお伝えします
●「自社の提案をストーリーで語る方法」↓4章でお伝えします
●「得意なデザインの標準仕様をつくる方法」↓5章でお伝えします

現代の建築のプロには、いい家を建てる以前にもいろいろなスキルが求められています。それは一体どんなスキルなのか、本書を読めば感じていただけるはずです。

もう前置きはいいから、サッサと教えろよ!と、皆さんお思いですよね。

続く1章からは、うさんくさい見た目のアミーゴ小池が、様々な事例や実践演習を交えながら、具体的なノウハウを、熱く、マジメにお伝えしていきたいと思います。

もくじ

1章

信頼を得る秘訣は「未来」を聞き出すこと

ヒアリングで他社を引き離す方法

適当かつ個性のないヒアリングが、会社の利益を損失させている

建築のプロの皆さんなら「**ヒアリング**」という言葉を耳にしたことはありますよね。皆さんの会社で家を建てようかと検討中のお客様が来社され、そのお客様からどんな家が希望なのかを〝聞き取る〟行為がヒアリングです。この章ではお客様へのヒアリングの重要性と、そのノウハウについてお伝えします。

私が最初に声を大にして言いたいのは、次のことです。

「ヒアリングは**会社の売り上げを左右する重要項目**。なのに、そのことに気づいていない人・会社が多すぎる！」

あるいは、重要性に気づいていたとしても、ヒアリングの技量は各担当者のセンス次第だと思っていて、「成約につながるヒアリングの方法」を確立できていない会社も多い気がします。

建築業界では、契約に至るまでに以下のプロセスをたどることが一般的です。

①ホームページやＳＮＳ、広告などによって、会社が認知される
②お客様から問い合わせが来る

③お客様の希望を聞くためにヒアリングの時間を設け、打ち合わせをする
④打ち合わせ内容を踏まえ、間取りと見積もりを作成する
⑤作成した間取りと見積もりをもとに打ち合わせをする
⑥修正を行う
⑦お客様と契約

ちなみに、②の時点では、お客様は皆さんの会社に興味を持ってはいるものの、どの会社を家づくりのパートナーにしようかといったところまでは決めていないと思います。お客様側の心理としては「何となく良さそうな気がするけど、どんな会社なんだろう？　とりあえず一度、話を聞きに行ってみようかな……（合わなかったら他社にすればいいし）」といったところではないでしょうか。

つまり、まだ**皆さんの会社を候補の一社として検討しているだけ**の状態にすぎないということです。

ですから、ヒアリングには、そんなお客様の心をその場でガッチリとつかみ、他社が入り込む余地をなくさせてしまおう！というくらいの意気込みで臨んでほしいと思います。

しかしながら、「お客様を囲い込む勝負は、間取りや見積もりの内容で決まる。その前段階にあたるヒアリングは、ひとまずお客様のだいたいの希望を把握するためのもの」と考えている人や会社が多いのではないでしょうか。そんな方々にあえてお尋ねします。

皆さんの会社には、「ひとまず」ヒアリングをやっているような余裕があるのでしょうか？

1件の成約の売り上げはおおむね2000万～3000万円、会社によっては5000万～1億円というところもあるでしょう。成約できなかったということは、そのお金を逃したということになります。改めて問います。皆さんの会社にその余裕はありますか？

成約できなかったのはシカタナイ……と考える人は多いのですが、成約できなかったということは、売り上げのみならず、お客様対応をしている時間と人件費をドブに捨てているということになります。ですので、昔ながらの〝数打ちゃ当たる戦法〟で適当なヒアリングをしてお客様を逃すのではなく、個性あるヒアリングでシッカリとお客様のハートを射貫いてほしいのです。

資金力・ブランド力のある大手企業でもない限り、ヒアリングのためにわざわざ出向いてくれるお客様をムダにできる会社はそうないはず。

ちなみに、大手企業では初回のヒアリングの時間に様々な方法を取り入れています。

●最新のモデルルームでヒアリングを行い、自社の魅力を体感してもらう
●自社ブランドが明確にわかる最新のカタログを用意している
●他社と明確な差別化が行える接客マニュアルがある

これらは資金力がある大手企業だから行える方法です。なかには中小企業でも無理をしてその

真似をする会社もありますが、大手企業のように「最新の状態」に常にアップグレードするための資金や人材がなく破綻することが多いのが実情です。だからこそ、中小企業である工務店の勝負はヒアリングで決めておくべきですし、ノウハウをきちんとつかめば、それが可能です。

そして、もう1つ大事なポイントがあります。

ヒアリング力を極めると、**そのあとに続く業務が劇的に楽に**なります。

一体どういうことでしょうか？　まずはそこから説明します。

ヒアリング力を極めれば、建築のプロに共通の〝アノお悩み〟が改善できる！

建築のプロの皆さんの中には、次のように思っている方が少なからずいるかもしれません。

「いやいや……**ヒアリングなんて、お客様の言うことを聞いていればOKでしょ？**　こっちも忙しいんだから、ヒアリングに時間なんて使ってられないよ……。一体何がそんなに重要なの？」

実際、このような意見をいただくことはよくあります。そこで、ナゼ私がこれほど**ヒアリングの重要性**を強調するのか、まずはその理由からお伝えしていきたいと思います。

多くのプロの皆さんは、おそらく日々の業務で次のようなお悩みを抱えているのではないでしようか？

①担当者とお客様との間の**〝言った言わないトラブル〟**

家づくりの打ち合わせにかかる期間は、平均で2カ月から半年程度。長期にわたって数多くの細かなことを決めなければならないため、どちらが何を言ったかを忘れてしまいがちです。結果、「思っていた仕上がりと違う」「追加工事費が発生するなんて聞いてない」といったトラブルに発展する場合も。議事録などを作成していても、そうしたトラブルを経験したことがある人もいると思います。

②他社との**差別化がデキナイ**

耐震等級、断熱等級、デザインなど、自社のこだわりや持ち味はそれなりにあるものの、そうしたポイントには他社も力を入れているもの。「ウチならではの強み」をどうやって打ち出せばいいのかわからない……。

③**成約率が上がらない**

問い合わせがあっても、成約にまで持ち込めない。最悪の場合、他社との不毛な価格競争の末、無理な予算で契約してしまった結果、利益が出ないことも……。

これら以外にも、プロの皆さんが抱える頭の痛い問題は数多く存在することと思います。ですが、ヒアリング力を極めることでそうした問題を改善できるなら、「ヒアリング、チョッと頑張ってみようかな」と思えてきたのでは？　では、話を進めます。

あなたのヒアリングでは、どのくらいの時間をかけて何を聞いていますか？

ここで最初の質問です。皆さんは、ヒアリングにどの程度時間をかけているでしょうか？　10分？　30分？　それとも1時間？　私がコンサルティングを請け負ってきた会社の方々からは、ここで紹介するノウハウを知る前には「おおむね30〜60分」という回答が一般的です。

では、もう1つ質問です。お客様とのヒアリングで、皆さんは「何を、どのように」聞いているでしょうか？　私のコンサルティング先の会社の方々は、だいたい次のような質問をしているとのことでした。

①何人で住みますか？

この質問で、お客様の家族構成を知ることができます。

②何ＬＤＫがご希望ですか？

この質問で、お客様が想定している建物の広さがある程度わかります。

③予算はどの程度かお考えですか？

この質問で、お客様の希望予算がわかります。

こうした情報がわかると、プロであれば、お客様が希望されている土地と予算に合わせて、法的な規制なども考慮しつつ間取りを作成することができるはずです。これら①～③の質問をもとに行うヒアリングと、自社の会社説明や担当者の経歴を含めた自己紹介、雑談と次回の打ち合わせの約束などを含めて30～60分というスタイルのヒアリングを行っている方が本当に多かったです。大手のハウスメーカーでもおおむねこのようなスタイルでヒアリングを行っています。

しかし、ここで断言します。こうした一般的かつ無個性なヒアリングでは、前述した3つのお悩みを改善することは決してできません。

「いやいや、そもそもヒアリングでトラブルを回避できて、他社と差別化できて成約率が伸びるんだったら苦労しないって！」という声が聞こえてきそうですが、ヒアリングをナメてはいけません。効果的にヒアリングを行い、お客様の心をつかむことができれば、3つの困りごとは改善できますし、1軒分の売り上げを確実に手中に収めることができるのです。大手企業と同じやり方でヒアリングをしていただけでは、お客様は確実に大手企業に流れていってしまうでしょう。

じゃあ、どうやるんだよ！　早く説明しろよ！

そうお思いですよね？　このあと、具体的な方法を紹介していきます。

ヒアリングには最低2時間必要。お客様の要望を「細やかに」聞き取れ

結論から言えば、多くの工務店が行っている〝一般的な〟ヒアリングのスタイルは**「時間が短すぎ」「聞くことが少なすぎ」**です。

とはいえ、ダラダラと長時間やってほしいと言いたいわけではありませんし、聞く必要のないことを聞けと言いたいわけでもありません。ただ、「**お客様の細かな要望をすべて聞き取っていくと、おのずと長い時間が必要になる**」ということは認識いただきたいのです。

ちなみに、私がオススメするヒアリングに必要な時間は**最低2時間**です。会社について説明する時間もこの2時間に含めていますが、ヒアリングに来られるお客様は事前に会社のホームページや広告記事を見ている人が多いため、実際のところ会社の説明に割く時間はそれほど必要ありません。

他の業務もあるなかで、いきなりそれだけの時間を取るのは難しい……などと考える方もおられるかもしれませんが、まずはだいたい2時間程度を意識することから始めてください（「どんな項目をどのように聞くのか」といった具体的な質問例については、51〜60ページでご紹介します）。

本気でヒアリングをすると、お客様も担当者も頭を2時間フル回転させることになるので、終

わる頃にはグッタリすることもざらです。ですが、単なるヒアリングにもかかわらず、お客様から「今日、会えて良かったです！」と言っていただけることもあるほど濃い時間になります。

なぜヒアリングをしているだけなのにお礼を言われるのか、濃い時間になるのかというと、「お客様自身が気づいていなかった家族のこと、将来のこと、自分たちのこれからの家のこと」をヒアリングを通してお客様に気づかせることができるからです。

皆さんがこれまで思い描いていたヒアリングとは、ずいぶん違うのではないでしょうか？ 続いては、どんなヒアリングをすれば「会えて良かった」と言われるくらいに濃い時間になるのかを、具体例を交えながらお伝えします。

キーワードは〝将来・希望・夢〟。「どんな暮らしをしたいのか？」を引き出せ

ヒアリングでぜひお客様に聞いてほしいのは、「どんな〝**将来・希望・夢**〟があるのか？」ということです。この問いに対してお客様から可能な限り多くの回答を引き出し、お客様自身にも「どのような暮らしがしたいのか」といったことに改めて向き合っていただき、新しい住まいに望むイメージを明確にしていただく。それが、私がお伝えしたい極意です。細かく聞き出すことが重要なのはそのためです。

そんなこと知ってるわ！と思う方もいるかもしれません。しかし、ただ聞けばいいというわけではないのです。将来のことをより細かくヒアリングして**間取りに反映するまで**が重要なのです。

　では、具体的にどのように聞いていけばいいかを解説します。まず**家族構成**については、「何人で住みますか？」という質問をもっと**細分化**してください。ご主人、奥様、お子様などの家族構成と性別・年齢を確認するのは必須です。また、性別・年齢を聞くとともに、目の前にいるお客様の生活についての想像を膨らませることが理想的です。たとえば、お子様が13歳・男子だったとすると、「中学1年生ですか？　部活は何かされているんですか？　剣道？　それなら防具を置くスペースがあると便利ですよね。学校へは自転車通学ですか？……」といった具合です。目の前のお客様に対して関心と想像力を持ち、それを質問という形で投げかけられるようになると、「そんなことまで考えてくれるんだ」と感動してもらうことができ、信頼感アップにもつながります。

　このほかにも、「お子様がいる・いないに関係なく、家族がさらに増える可能性があるのか？」「将来的に親御さんと一緒に住む可能性があるのか？」「ペットを飼う可能性があるのか？」など、家族構成に関する質問をより具体的に、より細かくするだけでも、お客様の「将来・希望・夢」を明確にする手がかりとなります。その際の質問は杓子定規でないことが大事で、お客様の反応を見ながら、どの部分をより突っ込んで聞いていくかを見定めたり、家づくりと関係のありそうなポイントに着目しつつ提案したりできるようになりたいところです。

重要なのは、家族構成を細部までヒアリングして、**他社では聞き出せていない内容を聞き出す**ことです。先ほどの例のように「息子さんが剣道をしている」という情報が聞き出せた場合なら、防具の収納場所の話ができます。さらに、玄関近くに防具をしまっておきたいといった要望が聞き取れれば、他社は防具を収納する間取りを提出することはできないのに対して、より満足度の高い間取りを提案できることになります。より深くヒアリングすることが、今後の提案や他社との差別化にもつながるというわけです。

続いては、**建物への要望**に関する質問です。「何LDKが希望ですか？」ではダメです！　プロであれば、家族構成について詳しく聞けていれば、何LDKになるのかは自動的にわかるはず。4人家族と先のヒアリングで聞いていれば、最低でも3LDKが必要になることは予想できますよね。さらに、「夫婦別々の寝室がほしい」「書斎がほしい」「客間がほしい」といったお客様の細かな要望を聞き出すことが重要です。だからこそ「何LDKが希望ですか？」という、その質問自体がムダであるとも言えるでしょう。

むしろ聞いてほしいのは、ここでも「将来・希望・夢」に関連しそうな質問であり、お客様の**ライフスタイル**を知ることができそうな質問です。たとえば、「お仕事は自宅でもされるとのことですが、書斎は必要ありませんか？」「将来的にお子様は家を出ていくことを想定されていますか？」といった質問です。そうした質問を交えながら、建物の広さや構成に関する要望についても細かく聞いていきます。それにより、お客様と担当者の間で新しい家に対する詳細なイメージを共有するのが目的です。

このようなヒアリングが不足していると、書斎を必要としていたお客様だったにもかかわらず書斎がある間取りを提案できないことになります。また、子供が進学や就職で将来的に家を出ていくことを聞いていなければ、子供部屋を広く取りすぎて予算オーバーの見積もりを提示してしまうことにもなりかねません。

そしてもう1つ、重要なポイントがあります。それは「建物に関するお客様の要望の中には、**固定観念**によるものも少なからず含まれている」という点です。ヒアリングは、その点にも注意しながら進めていく必要があります。

「御用聞き」になってはいけない！ お客様に「気づき」を与える質問ができますか？

ヒアリングを行う際、大切なのは「お客様からの要望をただ聞いているだけでは意味がない」ということです。

は？　何言ってるの？ 細かく要望を聞くんじゃないの？という声が聞こえてきそうですが、お客様から聞き出した要望に無理がある場合は、プロとしてその要望を**否定**し、**軌道修正**することも大事なのです。単なる「御用聞き」に終始するのではなく、少々乱暴な言い方ですが、お客様を教育するつもりで臨んでほしいのです。もちろん伝え方には十分な配慮が必要ですが、やり方によっては「プロとしての信頼」を勝ち取ることができるうえに、少々無理がある要望と予算を「私たちプロ側の提案に合わせてもらうこと」さえも可能となるのです。

ここでは「客間」を例に、具体的なやりとりの仕方を紹介します。ヒアリングの際、お客様が「客間がほしい」と希望された場合、多くの工務店ではそのヒアリング内容をそのまま受け取り、客間のある間取りを作成するのが通常だと思います。ですが、それではお客様の信頼と成約を勝ち取るまでには今一歩及びません。

そこで踏み込んでほしいのが、細かなヒアリングです。たとえば、お客様が客間を希望されたあとに「皆さんの新しい自宅に、年に何回かお客様が泊まりに来られますか?」「客間はＬＤＫから独立した別の部屋として必要ですか?」といった問いかけをすることで、お客様の側に「客間がほしかったけど、よく考えたら必要ないかも……」というような気づきを生じさせたいところです。

直接的に「その部屋は必要ないのでは?」と指摘するのではなく、質問を効果的に投げかけることでお客様に考えてもらい、気づいていただく。そして、お客様の判断で「必要ない」と決断していただくことが大事なポイントです。これができると、プロとしてカナリの信頼が得られるはずです。

ここでは、「客間は必要なもの」と思い込んでいたお客様の**固定観念**が、ヒアリングを通して変化し、新たな気づきになっています。競合他社がそうしたヒアリングをしていなかったとすれば、これによりお客様から信頼感を得られることはイメージできるかと思います。

このように、多くのお客様は、固定観念から「わが家には○○が必要」と無意識に思っているものです。たとえば「日当たりのいいダイニングがほしい」というお客様に対しては、私なら「週何回くらい、家族みんなで朝食を食べますか？」と聞いてみます。「みんなバラバラの時間帯に食べている」という家族なら、ダイニングテーブルは必要なく、むしろリビングを広く取る提案をしてもいいかもしれませんし、「今は一緒に食べていないけど、いずれみんなで食べるのが夢なんです」というお客様なら、いずれダイニングスペースとして活用できるスペースを組み込んだ間取りを提案するのも1つです。

リビングについても「日当たりのいい場所にするのがいい」と思われがちですが、たとえば共働きの家庭ではリビングで夜にくつろぐことが多く、日当たりはさほど重要ではないかもしれません。こうしたことを考えていくためには、ヒアリングの中で担当者だけでなくお客様にも考えていただく必要が出てきます。ヒアリングに来たお客様には「こんなにいろいろと深く聞かれるとは思っていなかった」と驚かれるかもしれませんが、それによって自分たちの「将来・希望・夢」が明確になったのなら、むしろ喜んでいただけるというのが、これまでの経験から得た実感です。

ここまでで皆さんに理解いただきたいことは、**「ヒアリング＝お客様と一緒に考えるプロセス」**だということです。お客様の希望や意見を聞き入れるだけではなく、お客様と一緒に考え、さらにプロとしての意見をシッカリと伝え、お客様に新しい気づきを与えることがヒアリングの極意だということを覚えておいてください。ヒアリングを通しておお

お客様に新たな気づきを与えられるヒアリングが理想！

日当たりが良くて広々としたリビングが希望です。

家族の皆さんがリビングで過ごすのは、どの時間帯が多いですか？
リビングでは何をして過ごすことが多いですか？

わが家は夫婦共働きなので、リビングで過ごすのは平日の夜中心。テレビや映画を見ることが多いです。子どもはもう大きいので、自分たちの部屋で過ごすことがほとんどです。

なるほど。じゃあ、お子さんがリビングで過ごすことはあまりなくて、ご主人様・奥様も１週間のうち５日間は、リビングで過ごす時間帯が夜なんですね。

（心の声）
そうか！　うちって、日中リビングで過ごす時間が少ないんだ。
休日のお昼は、たまった家事をしてるかお出かけしてるし……。
リビングの日当たりはあまり気にする必要ないのかも……？

リビングの日当たりよりも夜間の照明計画にコダワルのはいかがでしょうか？

客様に新しい気づきを与えられなければ、そのヒアリングは失敗と言っても過言ではありません。

こうしたヒアリングができるようになると、〝御用聞きレベルの聞き取り〟を行っている競合相手に差をつけることができ、「他社との差別化」が可能になります。そして、次の打ち合わせで提出する「間取り」は「お客様と一緒に考えた〝本当の希望通りの間取り〟」となり、他社が提出する間取りとはひと味違う「**信頼を得た間取り**」になることでしょう。

都会？　地方？
家を建てる地域で施工面積の〝相場〟は違う

同じことが「**施工面積**」を考える際にも言えます。お客様が要望していた空間・建物の広さによる設計が予算をオーバーした場合、ヒアリングで質問を重ねることで、その要望が固定観念によるものだったと気づいてもらい、施工面積を調整して希望金額に合わせるように修正することも可能です。カナリのトレーニングが必要ですが、このスキルが身につくと営業能力が格段にレベルアップします。
そのために最も必要とされるのが「お客様の建物に関する要望を聞いて『施工面積』を予想する能力」です。ちなみに、施工面積は「家を建てる地域」「土地の広さ」「希望の仕様」といった要素に左右されます。以降、具体例を挙げながら説明していきます。

たとえば、弊社が依頼を受けることが多い東京都内の住宅だと、「2～3階建て」「3LDK～4LDK」の建物になることがほとんどです。また、東京都は1区画あたりの土地が小さいので、建物の施工面積は「32～40坪」程度で収めることが一般的です。

一方、私が住んでいる群馬県は土地が大きく、さらに平屋の住宅を好んで建てる人が多い傾向があります。結果、3LDK～4LDKの住宅でも、廊下や各部屋が広くなり、施工面積は都内より広めの「35～45坪」程度が多くなります。

プロの皆さんであれば、これまでの経験から、お住まいの地域やよく依頼を受ける地域について、こういった相場は把握されているのではないかと思います。お客様へのヒアリングでは、お客様の要望を聞き取りながら、施工面積の相場と照らし合わせ、そこに大きなズレがある場合は、そのズレを埋めていく作業が必要となります。

たとえば、東京都内で敷地面積をもとに法的に計算して35坪しか建設することができないにもかかわらず、6LDKの45坪を希望されるなど、そもそも要望と現実がズレているお客様もいます。そのような場合は、はなから「無理です！」と断るのではなく、「ナゼ6部屋も必要なのか？」「ナゼ45坪なのか？」をヒアリングし、すべてを聞き取ったうえで、その要望が法的に厳しく、さらには予算的にも厳しい旨をお伝えしたほうが、耳を傾けてもらいやすくなります。

しっかりとしたヒアリングができていれば、話をすべて聞いているので、先に述べたような「気づき」をお客様に与え、「実際は6LDKも必要なかった」と自ら気づいていただくことができるのです。

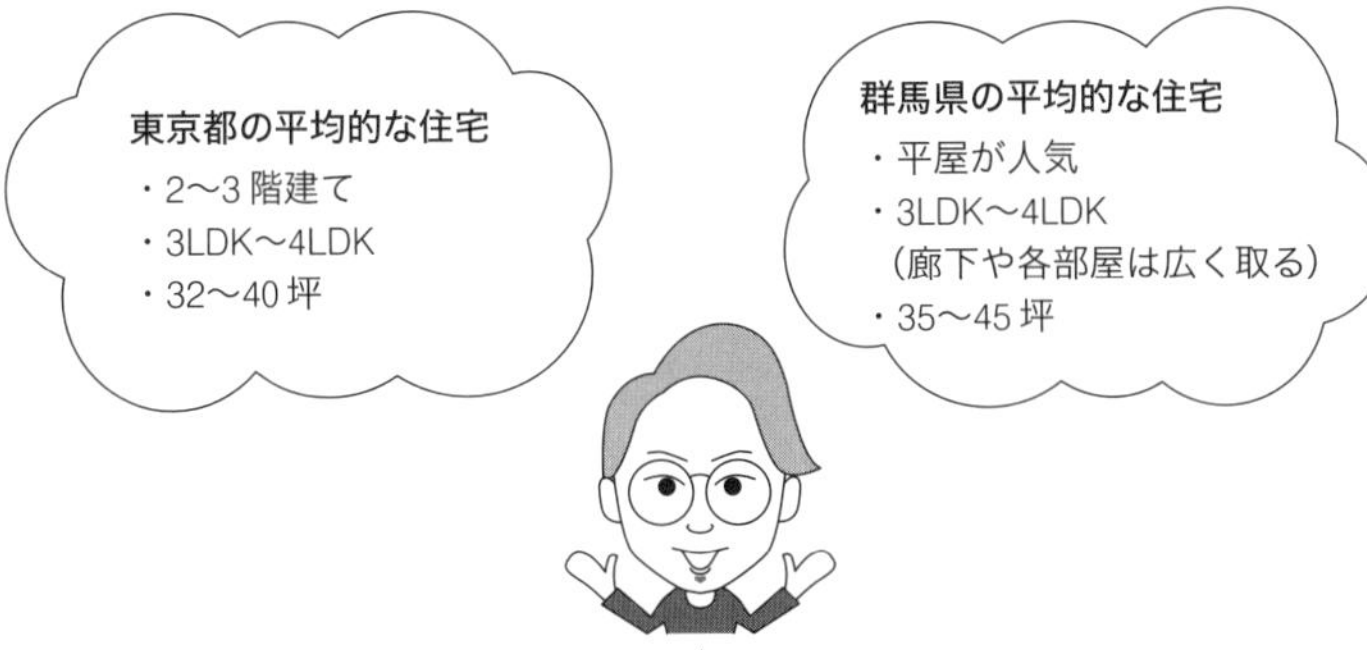
東京都の平均的な住宅
・2〜3 階建て
・3LDK〜4LDK
・32〜40 坪
群馬県の平均的な住宅
・平屋が人気
・3LDK〜4LDK
（廊下や各部屋は広く取る）
・35〜45 坪

お客様の要望が、その地域のサイズ感に収まっているかを確認しながらヒアリングを進めると、大幅な予算オーバーにいち早く気づける。

「そこまでする必要ないのでは？」と感じる建築プロの方もおられますが、そんなとき私はよく次のようなたとえ話をします。

皆さんが部下や親戚など大切な人の結婚式でお祝いのスピーチをすることになり、少々格好を付けるためにオーダースーツをあつらえに来たとします。スーツの知識はなく、よくわからないけれども「予算は30万円までならＯＫかな？」と、自分としては高い買い物をしようとして訪れた店で、いきなり「予算的に無理ですね……」と言われたら、いい気はしませんよね？

一方、「なぜオーダースーツがほしいのか」を詳しく聞いてくれたうえで、「フルオーダーのスーツは手間などがかかるため、30万円の予算では厳しいと思います。ですが、お客様の体型であれば、セミオーダーで良い商品をご用意できる自信があります」と言われたらいかがでしょうか？

家を建ててもらいたいお客様も、このたとえ話と同じです。「高い買い物をする」「よくわからないけど頼みたい」という気持ちが強いがゆえに、話を聞いてからの軌道修正が絶対に必要なのです。それと同時に伝え方も大事になりますので、いきなり「無理です」と伝えてしまっては、勇気を出して来店したお客様の気持ちが台無しになり、信頼関係が揺らいでしまうことになりかねません。

お客様の「予算」を聞くタイミングは2種類。客層が絞り込めているならヒアリング後半で

建物の要望について一通り細やかにヒアリングを行っていくと、ある程度の面積が算定できるという話は前述した通りです。そうなると、今度は「**お客様の希望金額**」について詳細を詰めていきやすくなります。

ちなみに、お客様の予算を確認するタイミングについてですが、ヒアリングの最初のほうがいいのか、それとも最後のほうがいいのかは「**客層の絞り込みができているかどうか**」によって使い分ける必要があると思います。

たとえば、アミーゴでは、YouTubeやSNSで「**高額案件しかお手伝いしていません**」という**生意気な情報**を発信しているため、弊社に問い合わせをくださるのは高額案件のお客様からの場合がほとんどです。このように、来社するお客様の価格帯を限定できるようにしておくと、「自社のターゲット顧客であるかどうか」をヒアリングの最初で確認

することになるため、予算を聞く必要がなくなります。こうした絞り込みができている場合は、ヒアリングの後半（希望の施工面積を聞き取ったあと）で予算を確認するのがオススメです。

というのも、特に日本人は「自分の懐事情」を見せてから「ワガママ＝要望」を伝えることが得意ではない傾向があります。ですので、希望予算を伝えてから要望をプロに話すという流れでは、本音を言ってくれないお客様も少なくありません。だからこそ、まずお客様には予算のことなど考えず、恐縮せずに要望を話してもらい、建物の要望を一通り聞けた段階で「ご自宅のご予算はどの程度でお考えですか？」と聞いてください。つまり、以下の順番がポイントです。

①お客様のワガママな要望をすべて聞く
②希望の空間の否定（軌道修正）を行う
③予算のことを聞く

さらに、すべての要望をヒアリングで聞き取って、お客様との信頼関係を築いたうえで希望予算を聞くと、お客様が固定概念で考えていた予算を変更し、追加予算を考えてくれる場合もあります。

ただし、そのような流れを導くには、ヒアリング時に私たちプロが「本当に頼りになる人だ」とお客様から認識してもらう必要があります。他社と同じようなヒアリング、同じような接客スタイルでは、他社と同じ金額を伝えられ、さらには「他社より安くしてください」などといった無理難題を言われるだけに終わってしまうでしょう。

一方、前述のような客層の絞り込みができておらず、ヒアリングに来たお客様がどの価格帯の客層なのかがわからない場合については、「ヒアリングの最初のほう」で予算を確認することが大事です。

そして、せっかく来てくださったお客様にはたいへん失礼な言い方にはなりますが、契約が難しい予算のお客様に対しては、できる限り早くヒアリングを終えてください！　結果的に皆さんの会社で契約できないにもかかわらずヒアリングを続けることは、お客様の時間を無駄にしていることになります。また、皆さんからしても、2時間あればいろいろな業務ができますよね？　弊社も含め、中小企業は大手企業のように人材や資本力が豊富ではないので、契約につながらず、売り上げも利益も出ないお客様の接客に2時間もかけることは難しいかと思います。

ヒアリングでは、会社への「信用」よりも担当者への「信頼」を勝ち取れ

ここまで読んでくださった皆さんは、理想的なヒアリングのイメージをだいたいつかんでくださったのではないでしょうか？（時にはプロとして軌道修正をしながら、未来のことを細かく聞くといったイメージです）　こうしたヒアリングを行えるようになると、多くのプロが抱える3

つのお悩み（言った言わないトラブル、他社との差別化、成約率）を改善できるようになります。
では、それはナゼなのでしょうか？

その答えは……**お客様の「信頼」を勝ち取ることができるから！**

信頼されているから、「言った言わない」問題にならない。
信頼されているから、他社よりも自社を選んでくれる。
信頼されているから、成約率も上がり、コンスタントに契約ができる、というわけです。

おいおいここで精神論かよ！　信頼ってなんだよ！と思った人、ゴメンナサイ。大事な話なので、もうしばらくお付き合いください。

もしかすると、賢明な読者の皆さんの中には「お客様の信頼っていうのは、会社への信頼のこと？」「会社のブランディングがシッカリできていれば、お客様からの信頼を得られるのでは？」と考えた方もいるかもしれませんね。

確かに、会社のブランディングは「集客」には必要なコンテンツだと私も思います。特にブランディングに力を入れているのは、大手ハウスメーカーです。大手メーカーは、莫大な広告宣伝費を使い、CMやSNSを通じて年間の建設棟数が多いことや、「型式適合認定」と呼ばれる国土交通大臣認定の構法により「安心・安全な住宅」が建てられるといったことをアピールしています。また、大きなショールームや住宅展示場も全国にあるので、家づくりを検討していない人でも、そうした会社の名前くらいは知っている人は多いでしょう。このような方法で知名度を上げることができているため、「家づくりをするなら、このメーカーに行ってみようか?」と思わせることができるわけです。

しかし、このようなブランディングによって勝ち取ることができるのはあくまで「信用」であって、お客様からの「信頼」ではないのです。

「信用」と**「信頼」**は一見似ていますが、実は意味が少し違います。たとえば『デジタル大辞泉』(小学館)では、それぞれ次のように定義されています。

・信用:それまでの行為・実績などから、信頼できると判断すること
・信頼:信じて頼ること。頼りになると信じること

この定義を私なりに読み解くと、

・信用=過去・実績
・信頼=未来・人柄

という図式に置き換えることができます。

「信用」は過去の実績を根拠にしている一方で、「信頼」という言葉には「確証や根拠があるわけではないけれど、頼りにできるだろうと信じる」といった未来志向的なニュアンスがうかがえます。そして、確証や根拠がないのに信じるという行為は、たとえば人柄のような形のないものに対して好ましい感情が生まれたときに生じるのではないかと思います。

お金をかけて過去の実績や業務、会社の歴史などをアピールすることでブランディングに成功すると、「信用」を得ることができて集客にはつながります。しかし「3つのお悩み」が改善され

るかどうかは別の話です。「3つのお悩み」に効くのは、信用ではなく信頼、**「未来と人柄」**なんです。

……ちょっと**うさんくさいペテン師**の話みたいに聞こえてきましたか？

もう少し続きます。ご辛抱を！

建て売りはすでにモノがあるが、注文住宅はない。
だからこそ「人柄」「信頼」が重要

ここで、私たちがお客様に提供する**「注文住宅」**というものの特徴について考えてみたいと思います。

注文住宅は、完全オーダーメイドのスーツや靴、着物のようなイメージに似ています。購入を決意して、その商品の完成に向けて打ち合わせや採寸などを行っている時点では、まだ「どんなモノができあがってくるのかは不明確」な場合が多いです（会社によっては「注文住宅」と言いながら、同じ商品をつくっているところもありますが、そうしたケースはここでは例外とします）。たとえば車や家具、建て売り住宅やマンションのように、「購入前に成果物を確認できる」買い物とは少々毛色が違います。

そこで、自由度の高いオーダーメイドの注文住宅は、成果物が確認できない分、**「お客様の未来**

への期待」を勝ち取る必要があるのです。では、未来への期待は何から生まれるのでしょうか？

もちろん会社の実績・業績も大切ですが、弊社の調査によれば、住宅会社との成約を決定したお客様の8割以上が「**担当者の人柄**」を決め手に選んだと回答しています。

ここで言う「人柄」とは、「明るい」とか「優しい」といった性格ではなく、「自分たちに寄り添ってくれているかどうか」「誠実に対応してくれているかどうか」「頼りになるかどうか」といった人格に相当するものだと思います。つまり、

〝信頼〟に足る人物かどうか

ということです。

ですから、どんなに有名でブランド力のある会社であっても、担当する人間に誠実さのかけらもない場合には、契約に至る保証はありません。仮に契約に至ったとしても、トラブルが多くなり、結局はSNSなどで悪評が飛び交う羽目になる……ということもありえるわけです。

また、近年では「紹介ビジネス」というサービスも見受けられるようになりました。知名度があるインフルエンサーが大手企業にお客様を紹介して、優秀な担当者とマッチングを行うようなサービスです。

このビジネスモデル自体は、多少の違いはあれ昔からあった形式ですし、個人的には否定はしませんが、お客様と紹介された優秀な担当者とが本当の意味で信頼関係を築けるのか？と考えると少々疑問です。

そこで紹介される優秀な担当者というのは、百戦錬磨の営業マンである場合が多く、そうした人たちは契約に結び付ける能力には長けています。ですが、前述したような信頼関係が築けてい

ない場合には、トラブルが生じることが多いです。

実際、紹介ビジネスで問題が起きているケースは少なくありません。やはり皆さん自身が信頼を勝ち取れるようにレベルアップしていただくことが、日本の住宅をより良くする一番の近道だと言えるでしょう。

信頼や人柄が重要だとお伝えしたかったのは、そんな理由です。さらに言えば、信頼を勝ち取るためには、**初回のヒアリングが重要**です。お客様と担当者が初めて会って交わすコミュニケーションにおいて、お客様に納得感を持っていただけたかどうか、担当者のファンになってくれたかどうかがカギになります。それでは、いよいよヒアリングの終盤でお客様とどのようなやりとりをしていくかについて解説していきましょう。

お客様の納得感を高めるキラーフレーズ「〝今日の〟ヒアリングでは……」

ヒアリングを通して皆さんは、お客様の希望を聞き取り、時には軌道修正を行いながら、予算に合った施工面積を導き出すはずです。そして、最後に、それをお客様に伝えなければなりません。その際は、ぜひ次のように切り出してください。

「**今日のヒアリングにより、**○○様のご自宅は、◇◇坪程度の広さが必要になると思います」

この中の「〝今日の〟ヒアリング」という言葉には、「今回のヒアリングでは、お客様から希望・要望を聞き取って、**一緒**に考えて結論を出しました」というメッセージが込められています。その一緒に考えた内容を「プロとして判断すると○○坪です」と伝えることで、お客様にも強い納得感をもって受け取っていただけるのです。

この伝え方をマスターしていれば、予算検討の際にも有利にコトを運べます。細やかなヒアリングができたうえで提出された間取りと見積もりであれば、お客様側にも「自分たちのことをシッカリ考えてくれた間取りと予算」と認識してもらえるので、たとえ予算がオーバーしてしまったとしても、即「他社検討」とはならないはずです。

特に日本人のお客様の中には、親身になって細かくヒアリングしてくれて、信頼している担当者から提示された金額が自分たちの予算をオーバーしている場合に、「自分たちの要望が多いからだ……」と考えを改める人が実に多いです。

対して、細やかにヒアリングをしないままにお客様の要望を言葉通りに反映させただけの間取りを作成し、「費用は○○万円です」と伝えた場合はどうなるでしょうか？　予算がオーバーしてしまった場合には、お客様の心理は「もっと安い会社を探そう」といった方向に傾くことになるでしょう。

当たり前ですよね？　信頼関係がないのですから。先に紹介した、オーダースーツ店のたとえ話と同じです。「予算は30万円と聞きましたが、見積もりを取ってみたら50万円でした。払えますか？」と言われているのと同じです。それよりも、「ご予算は30万円ということで、セミオーダーのスーツをご提案しましたが、希望通りの生地ですと予算がオーバーしてしまいました。コチラで生地を選択させていただけましたら、予算を抑えることができるのですが……」と言われたほうが、納得感がありますよね？

と、ここで予算の話が出ましたので、もう1つ、お客様との「**予算のすり合わせ**」に関する大事な極意をお伝えしていきます。

「できます！」は絶対禁句。予算が折り合わなかったときにすべきことは2つ

また、会社側からお客様へ「自社で建物を建てる場合の予算」を伝える場合にも、守ってほしいポイントがあります。

まず、「自社では予算が厳しい」と思ったときには「**できます！**」と絶対に言ってはいけません。「契約後に設計担当者や監理担当者に何とかしてもらおう」と思っている人もいるかもしれませんが、**絶対にやめてください**。

そのようなヒアリング・接客では「信頼」は勝ち取れず、仮に契約に至ったとしても、担当者が変わった段階で、あるいは担当者が変わらなかったとしても、いつか必ず信頼を失うことにな

ります。

そうは言っても、ある程度**グイグイ行かないと、契約なんて取れないよ……。**そう思う人もいるかもしれませんね。ですが、どうかそこはぐっとこらえて、信頼を得ることに集中してください。それが、遠回りに見えても、結局は一番確実な進め方だからです。安請け合いする代わりにやってほしいことは、次のいずれかです。

①ヒアリングの能力をレベルアップして、建物面積を減少させる
②本音で予算を相談し、建物面積や希望の仕様を減少させる

それぞれ説明していきます。まず①については、25〜28ページでもお伝えした通り、空間・面積に関するお客様の要望をすべて聞くのではなく、必要に応じて軌道修正しながら建物面積を小さくする方向へお客様を誘導しましょうという話です。

しかしながら、①の方法で頑張ったところで、お客様の希望が自社の予算にどうにも合わないケースも多々あると思います。明らかに予算が折り合わないお客様にはお帰りいただくのが賢明かもしれませんが、「あとチョッとだけ面積を小さくしてくれたら……」というお客様の場合は、②の方法を取ってください。

その手順を詳しく説明していきましょう。まずは、お客様に「今日の段階では**予算オーバー**だと思います。ご希望の内容ですと、弊社では最低でも〇〇〇〇万円になります」といったことを

正直に伝えましょう。もちろん大前提として、この結論を伝えるまでに細かなヒアリングとプロとしての知識の提供によってある程度の信頼を勝ち取っていることが必須です（客間がほしいと思っていたお客様に「客間は必要ない」と気づいてもらうためのヒアリングを行って、少しでも希望の予算に近づけようとしたものの、予算がオーバーしてしまうといった場合です）。そういったヒアリングと信頼関係ができていない状態で「予算オーバーっす！」なんて言えば、お客様は他社を検討してしまいますからね。

反対に、きちんと信頼を勝ち取れていた場合であれば、「そうか、○○さんが言うのなら、自分たちがワガママすぎるのか？」「ヒアリングだけで、あれだけ他の会社と違うことを教えてくれた○○さんが言うのだから、要望をさらに削ってみようかな？」とお客様は考えてくれます。

そのようにお客様に伝えたら、続いては「次回、間取りを提出する際に提示する予算」をどうするかについてお客様と相談します。具体的には、次の2つの案のどちらを提出すればいいか、お客様に選んでもらいます。

①**予算がオーバー**しても、**お客様の希望を反映**した間取り
②**面積の減少・仕様の変更**などによって、お客様の**予算に合わせた**間取り

いずれか1つを選択してもらったうえで、次回の打ち合わせの約束をしてください。繰り返しになりますが、「お客様と一緒に考えて約束すること」がポイントです。

ヒアリングをすべて行ったら、「**ヒアリング議事録**」を必ずお客様に渡しましょう。メールやLINEなど、履歴が残るツールを使って渡すのがオススメです（契約後の設計や施工時、さらには引き渡し後の対応の際にもリスクヘッジになるからです）。

また、間取りの提出の際にもヒアリング議事録は重要です。議事録をお客様に渡し、再度納得いただいてから、ヒアリング内容が網羅された間取りを提出することで、成約率アップに近づけるはずです。また、お客様にすべての部屋・空間の面積や配置などを判断し、決断していただくことになるため、トラブルを防ぎやすくなります。

ヒアリングを極めて、今後の建築業界を生き残れ

さて、いかがでしたでしょうか？　ここで私が紹介したヒアリングのやり方は、これまでに皆さんが思い描いていたヒアリングとは、ずいぶん違ったものだったかもしれませんね。

30〜60分のヒアリングを行って、どこにでもある間取りと、お客様が要望した金額通りの見積もりを提出。しかしお客様からは返事がなく、連絡が取れなくなってしまった……。そのような経験をしたというお話を、コンサルティング先の会社でしばしば聞いたことがあります。では、そんなとき、担当者の胸にはどんな思いがよぎるのでしょうか？

「あのお客様はワガママだ！」

「要望が多すぎるから、予算がオーバーするんじゃないか！」

そうした声をうかがうこともありますが、残念ながら、そうではないのです。私たちプロは、お客様の要望をただ文字通り聞くだけではいけません。もし皆さんが提出した見積もりが、ヒアリングの際にお客様と一緒に考えつつプロ側の意見も伝え、金額も約束したうえで提出したものであれば、お客様と連絡が取れなくなることはまずありません。

先にもお伝えした通り、初回のヒアリングは非常に大事です。多くのプロが抱える3つのお悩みも、このヒアリング次第で回避することが可能であることもお伝えしました。

また、優れたヒアリングに欠かせないのは、お客様の要望を引き出し、しっかり汲み取る「対人スキル」と、そこから得た情報を提案に落とし込む「創造性」です。

近年はＡＩの進歩により人間が行う必要のある作業量が大幅に減少し、一部の仕事がＡＩに奪われているといった状況が生じていますが、そのＡＩはあくまでツールにすぎず、人間の対人スキルや創造性を置き換えることはできません。なので、対人スキルや創造性を必要とする「ヒアリング」を極めることが、今後建築業界を生き抜くためにはカナリ重要になるでしょう。

続く2章以降では、間取りの提案方法やデザインの考え方についてお伝えしていきます。皆さんとお客様がさらなる信頼関係を築き、納得の家づくり、ひいては紹介につながる家づくりを成功させるために、どれもが大切なポイントになります。

コンサル実例

「この間取り、なんか違う」と思われる原因とは？ お客様の要望を正しく聞き取れていなかった工務店の話

私、アミーゴ小池は、プロの方を対象としたコンサルティングのほかに、一般の施主の方を対象に「**間取りコンサル**」も行っています。たとえば、家づくりをお願いしている会社から提案された間取りに納得がいかないものの、「何をどうすれば理想の住まいに近づけられるのか、自分ではわからない」といった方々の相談に乗り、お客様の要望を反映させた間取りの作成を行っているのです。

ここでは、私が実際に手掛けたコンサルティング事例をもとに、家づくりのプロがお客様の要望を受け取る際にどのような勘違いが起こり得るか、何に気をつければそれを防げるかといったことをお伝えしたいと思います。

メールだけ、LINEだけなど、「文字だけ」のやりとりは勘違いのモト

では最初に、プロの皆さんに質問です。皆さんはお客様とのやりとりを、主にどのような方法で行っていますか？　メールやLINEを使っているという方も多いのではないでしょうか。

お客様側もプロ側もそれぞれ忙しいでしょうから、すべてのやりとりを対面や電話で行うのは無理があるかもしれませんね。そんなとき、メールやLINEは便利なツールではありますが、お客様とのコミュニケーションを「メールだけ」「LINEだけ」といった具合に、**文字でのやりとりだけ**で済ませていると、**勘違いが起こるリスク**は高くなります。ここでご紹介する実例も、メールを使って施工店とのやりとりを行っていたお客様からの相談でした。

そのお客様は、施工店から提案された間取りが納得いかないということで私たちにご依頼くださいました。「自分たちの個性やライフスタイルに合った家づくりがしたい」「希望のデザインができて、使いやすい家をつくりたい」といったご要望でしたが、なかなか自分たちが納得できる間取りにならないとのことでした。

ちなみに、間取りの作成にあたり、お客様が施工店に送っていたメールの文面は次のようなものでした。

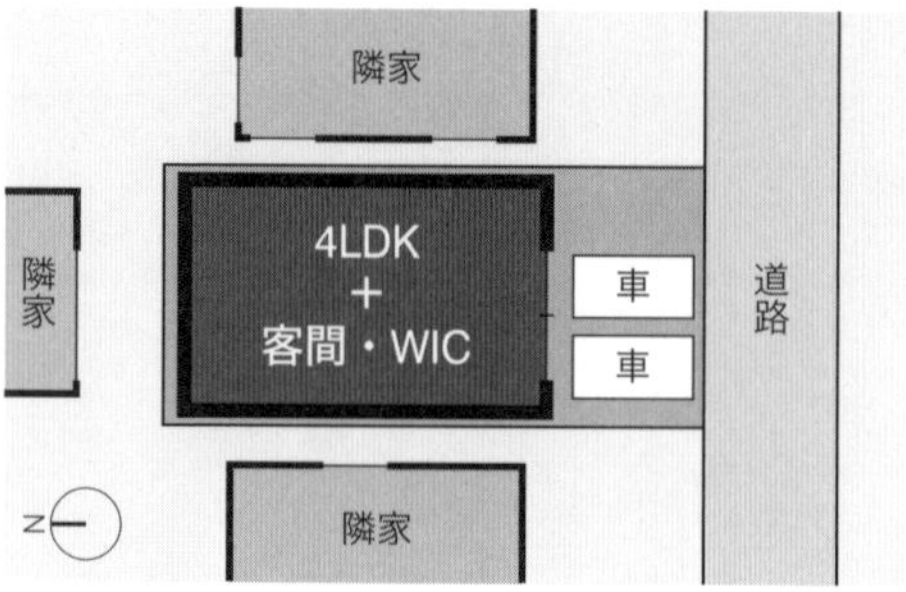

●最低4LDKが必要でさらに客間が絶対ほしい。
●南の光を1階のLDKに入れたいです。
●部屋にはWIC（ウォークインクローゼット）は必須です。
●車は2台駐車でお洒落な空間で。
●生活しやすい家が希望です！

ぱっと見、一般的でわかりやすい内容をご希望いただいていると思いませんか？

このメールの内容を受けて、実際に施工店から上がってきた間取りが上の図のようなものでした。

一見、お客様の要望が反映されている印象です。しかし、この間取りには施工店側の勘違いが含まれているのです。

お客様からのメールには「4LDKが必要」と書かれていましたが、お客様側の要望としては「主寝室、子供部屋が2つ、あとは客間が含まれて4LDK」だったそうです。しかし、メールを読んだ施工店では「4LDKプラス客間」を要望しているのだと受け取り、5LDKの間取りを提出したのです。

「間違えた担当者がアホなんじゃないの？」

そう思われた方もいるかもしれません。しかし、勘違いが発生してしまった部分のお客様からのメールをもう一度読んでみます。

●最低4LDKが必要で**さらに**客間が絶対ほしい。

今回の勘違いの原因となったのは、「さらに」という言葉の受け取り方です。

「さらに」という言葉は、「その上に」「重ねて」といった「追加」のニュアンスを含む言葉です。

つまり、日本語として正しい用法でこの文章を読み取ると「4LDK＋客間」といった受け取り方は、むしろ正しいのです。

ただ、このメールを書いたお客様が伝えたかったのは「新しい住まいは、4LDKくらいの広さが必要かな。あ、ちなみに、その中に客間も入れといてほしいんですよ」といったことだったのだと思います。国語的に正しく言うと、「さらに」の部分は、「ちなみに」とか「ついでに言うと」と書くべきところでした。

とはいえ、紛らわしい書き方をしたお客様が悪い！ということでもないと思います。国語の先生や新聞記者ならともかく、多くの人はこんなふうに「正しくない日本語」も使いながら日々コミュニケーションを取っています。もしこれが対面でのやりとりだったなら、ニュアンスは十分に伝わったのではないでしょうか。

問題は、**「書き言葉だけでやりとりをしてしまった」**ということに尽きると思います。この件については、メールを受け取った時点で、施工店の側から「客間を含んで4LDKという理解で間違いありませんか？」と（できれば電話など口頭で）確認できていれば勘違いは防げたはずです。

本章で紹介したような「詳細なヒアリング」ができていなかったり、お客様とメールだけでしかやりとりができていない場合には、たとえ熟練のプロであっても誰もがこのような結果に陥る可能性があります。

細かなヒアリングで優先順位を整理できていれば、的外れな提案を避けられたかも

さらにもう1つ、お客様が不満に感じていたポイントがあります。それは、1階のLDKに大きな窓があって、LDKが道路から丸見えになっていた点です。確かに、お客様のメールからは「1階にLDKを希望されている」「LDKに南側の光を取り入れたいと要望されている」といった情報は読み取れます。そのため施工店としては、1階にLDKを置き、南側に大きな窓を付け、光を入れる間取りを提案したのですが、結果、家の南側に接している道路から丸見えのLDKになってしまいました。

こうした事態を避けるため、代わりに中庭を入れた間取りを提案する方法もあるのですが（3章のコンサル実例で詳述します）、お客様のメールに書かれている「車は2台駐車で」という文言

に縛られて、このような配置にせざるを得ないという判断だったのではと推測できます。

もし施工店が間取りの作成に取りかかる前にもっと詳しくヒアリングを行っていて、要望に優先順位が付けられていれば、あるいは、お客様の思い込みをうまく否定できていれば、また違った間取りが提案できたのではないでしょうか。

誤解しやすいのは、強い言葉、限定的な言葉、曖昧な言葉

ではここで先ほどのメールを再び引用して、プロがこの文章のどの部分で勘違いをしてしまったかについてお話したいと思います。

- **最低**4LDKが必要でさらに客間が**絶対**ほしい。
- **南**の光を**1階**のLDKに入れたいです。
- 部屋にはWIC（ウォークインクローゼット）は**必須**です。
- 車は**2台**駐車で**お洒落**な空間で。
- **生活しやすい**家が希望です！

勘のいい方なら、**「大きい文字の部分がポイントなんでしょ？」**

「こういう表現には注意しろってコトなんでしょ？」などと思われているかもしれませんね。まさにその通りで、大きな文字の部分がポイントです。では、これらがどんな言葉なのかというと、次の3種類に分類できます。

- **強い言葉**（最低、絶対、必須）
- **限定的な言葉**（南、1階、2台）
- **曖昧な言葉**（お洒落、生活しやすい）

これらの表現は、要望を聞き取るプロ側が勘違いして受け取りやすい傾向があります。また、これらはメールなどの書き言葉になると、強い言葉はよりいっそう強く、曖昧な言葉はよりいっそう曖昧に伝わりがちです。

強い言葉や限定的な言葉が発せられると、人は「これは絶対に外せないポイントなんだな」と無意識に感じ取りますし、曖昧な言葉はそれぞれの人の主観によって受け取り方に差が出てしまいます。結果、勘違いが起こりやすくなるのです。ですから、どんなに熟練したプロであっても、このような内容だけで間取りを作成すると、間違ってしまうケースが多々あります。

だからこそ、繰り返しになりますが、間取り作成の前に、本章でもお伝えしたようなお客様の思い込みや固定観念を否定したり、お客様のライフスタイルや夢などを知り、要望の優先順位を把握したりといったことが必要になってくるのです。

また私どもアミーゴでは、コンサルティング先の会社さんに対しては、お客様に直接会わずに、あるいはヒアリングをせずに間取りを作成することを禁止とさせていただいています。

というのも、前述の通り、文章や簡易なヒアリングで間取りを作成し、見積もりを提示するやり方では、成約率は上がらず、間取りの作成と打ち合わせに時間を浪費するだけのことになる可能性が高いためです。

そうした手法が許されるのは、社員数が多く、会社のブランディングができている、知名度の高い大手企業に限られるので、そうではない中小規模の会社様には、できる限り直接お客様と会ってから間取りを作成することを、強くオススメしています。

お客様が「自分たちでやるわ！」と勝手に間取りを書きだす前に、肝に銘じてほしいコト

お客様の要望を正しく受け取り損なってしまうと、やっかいなことが起こります。それは「プロに任せてほしい部分まで、お客様が頑張り始める」ということです。なかなか伝わらないことがもどかしくなって、**「もう自分たちでやるわ！」**となってしまう人が一定数いるのです。そして、自分で間取りを書いたり、熱抵抗値を計算したり、仕様について調べ尽く

してプロ側に提案してきたり……といったことが起こるのです。

プロの皆さんには言うまでもないことですが、これらは素人の方が一朝一夕でやれることではありませんし、お客様が書いた間取りには無駄が多かったり、理にかなっていなかったり、法的にNGだったりすることが多いものです。ハッキリ言って、プロ側に任せてほしい部分ではありませんか？　そこで、お客様に気持ちよく一任いただくためにも、皆さんに必要となるのが「お客様の要望を正しく受けとめる能力」です。

「簡易なヒアリングや書き言葉だけのやりとりだけで進めない」「お客様から『強い言葉』『限定的な言葉』『曖昧な言葉』が出てきたら、立ち止まってお客様に意図を確認する」ということをぜひ心に留めておいてくださいね。

アミーゴ流・ヒアリングの質問項目

私どもアミーゴがお客様へのヒアリングで確認している23の項目について、具体的な質問方法も交えながら一挙に紹介します。

① 家族のプロフィール

● 家族構成

● **各家族の性別・年齢**

↓同行している子供の性別がわからないときには「女の子ですか?」と聞きましょう。男の子だったとしても「女の子のようにかわいい」と思われて嫌がる親御さんは少ないです。反対に女の子なのに男の子と間違われるほうがムッとされる確率が高めです。

● **家族それぞれの趣味・将来的な夢**

↓特に「**アウトドア系の趣味**があるか?」を確認することが大事。キャンプやスキー、スノーボード、サーフィンなどは荷物が多く、収納スペースを広く取る必要があることが多いからです。

● **将来的な家族の人数**

↓「将来的に子供が増える可能性があるか?」を確認しましょう。子供は授かりものなので、必ずそうなるとは限りませんが、夫婦の計画を確認しておくことが大事です。奥様が妊娠中の場合には、生まれてくる子供の性別も聞きましょう。これらを確認することで、**子供部屋の話**がスムーズにできます。

↓「将来的に**夫婦の両親と同居する可能**性があるか?」も聞きましょう。夫婦で意見が異なる場合もありますが、ヒアリング時に「気づきを与える」ことで信頼を得ることが可能になります。また、両親との同居が確定していない場合には「**客間**」を提案するのがオススメ。友人などが泊まりに来たときにも使えるので、良い落としどころとなることが多いです。

② 収納・車・自転車

● 現状の所有物

↓左記のURLからアミーゴオリジナルの「収納・家電リスト」をダウンロードできます。こちらを利用して、ヒアリング後に必ず、お客様が現在所有している物品を数値化してもらいましょう(目安は1週間以内)。間取りを作成したあとにこのリストが届くと、再度修正しなければならなくなります)。このリストを活用することで、「現在の収納量が収まらない家」を計画してしまうことは避けられます。

http://amigo1985.com/karte/

● **将来的に必要な収納量**

↓右記の収納・家電リストには「現在の」荷物の数を記

入してもらいますが、それとは別に将来的に必要な収納量についても確認しましょう（「子供部屋の収納」「思い出の品の収納」「将来的な趣味への収納」といった分類をしながら考えていくのがオススメ）。お客様に確認しても明確にならない場合もありますが、「どの程度『余裕を持った収納』を希望するか？」は必ず確認してください。

● **車や自転車の台数**

↓現状の台数だけではなく、**将来的に必要となる台数**を確認しましょう。

↓車や自転車のために**屋根付きの車庫**や**ビルトインガレージ**が必要かも確認してください。

③ **予算**

●お客様のおおよその予算がわかっていて、自社のターゲット層から外れていない場合

↓ヒアリングの**後半**で細かな予算を聞き取りましょう

（詳しい方法は28～30ページ参照）。

●お客様のおおよその予算も、自社のターゲット層に合うお客様かどうかもわからない場合

↓ヒアリングの**最初**のほうで予算を確認。自社の価格帯を下回る場合には、お客様の貴重な時間を奪うことにもなるので、ヒアリングを早めに終わらせましょう。

④ **子供部屋**

● **数**

↓「子供の人数分必要かどうか」を確認しましょう。

● **広さ**

↓次のように質問しながら、必要な広さを確認しましょう。

〈質問例〉

「多くのお客様が子供部屋について要望されることは、極論すると、おおむね次のいずれかのパターンです。1つ目は『ベッドや机が置けて、小さなソファーやテレビなども設置でき、友達を招き入れられる十分なスペースがほしい』というパターン。2つ目は『将来的に巣立つことを考えて、睡眠と勉強ができて最低限のプライバシーが守れる最小限のスペースでいい』というパターンです。お客様はどちらをご希望ですか？」

※この質問により、お客様から「○畳必要です」と言われるのではなく、2つのパターンのうちどちらかを選んでいただくことになるのでヒアリングが進めやすくなります。また「多くのお客様からいただいている要望です」と伝えることで、「皆と同じなら安心」という心理が働くので、2つのうちのどちらかを選んでいただきやすくなります。

↓先の質問でお客様がどちらを選んだかによって、次のように回答しましょう。

〈回答例〉

・パターン1の場合

「では、最低6畳の子供部屋を用意するようにいたしますね」

・パターン2の場合

「その場合ですと、4・5畳程度を希望される方が多いです。場合によってはもっと小さなスペースにする方もいますが、いかがでしょうか？」

※回答の中で**プロ側から畳数を提示**して、お客様に必ず確認してください。プロ側が一方的に決めたと思われないように誘導することが大事です。

※畳数の相場は地域によって異なるので、必ず**皆さんの地域に合った広さ**に設定し直してください。

↓**将来的に分割**できるスペースにする必要があるかどうかも確認しましょう。

〈回答例〉

「子供部屋は将来的に分割されるお客様もいらっしゃいますが、いかがいたしましょうか？」

※子供が小さい間は広い部屋（親子の寝室、来客用の寝室など）として使用し、子供が自分の部屋をほしがる年齢になった時点で仕切るといった方法を提案してください。

※将来的な家族の人数や住まい方に応じてカスタマイズできるという「気づき」をお客様に与えることで、信頼を得ましょう。

⑤主寝室

● **ベッドの大きさ**

↓現在親子で寝ているお客様の場合は、大きめのスペースを要望することもありますが、④であらかじめ子供部屋のスペースを確認しておけば、将来的に主寝室は夫婦2人分のスペースで十分であることがわかるはずです。

● **主寝室にベッド以外のスペースが必要か**

↓寝室にドレッサーを置きたい、寝室でトレーニングをしたいといった要望のあるお客様に対しては、そのためのスペースを確保しましょう。

↓「ベッドが置ければ十分」という場合には、「主寝室は寝るだけの部屋として最小限のスペースにとどめ、ほかの空間を広くしたほうがいいでしょうか？」と確認してください。併せて、クイーンベッドまたはシングルベッド2つが収まる最小限のスペースは**6畳**であることも伝えておきましょう。

⑥ 客間

●客間が必要か

↓④で説明した通り、子供が小さいうちは子供部屋を客間として使えることも伝えたうえで、「それ以外に客間が必要か？」を確認しましょう。

↓固定観念で「客間が必要」と思い込んでいる人もいるので、そうした人たちには「それは単なる思い込みではないか？」という気づきを与えられるような質問もしましょう（21～25ページ参照）。

↓「年数回しか使わなかったとしても、客間はどうしても必要」というお客様には、客間を**普段から活用**できるような提案をするといいでしょう（「洗面所の近くに設置して、普段はLDKと一体的に扱い、洗濯物をたたむときに家事室として使えるようにする」「子供のプレイルームにする」など）。

↓資金を援助しているお客様のご両親の意向で客間を希望している場合もあるので、**はなから否定してかからない**よう注意が必要です。

⑦ 書斎

●書斎が必要か、必要な場合の使い方

↓次のように質問して確認しましょう。

〈質問例〉

「書斎は必要でしょうか？　必要な場合、仕事部屋として使用されますか？　それとも、趣味のための部屋でしょうか？」

●広さ・形状

↓先の質問の回答次第で、**必要な面積や部屋の形状**が変わります。回答に合わせて、以下の質問で詳細を確認してください。

〈仕事部屋として書斎を使う場合の質問例〉

「お仕事はパソコンの作業が多いですか？」
「机の寸法としてはどの程度必要ですか？」
「書物などを収納するスペースは必要ですか？」
「仕事は夜遅くまでされますか？」
「オンラインでの打ち合わせは多いですか？」

※リモートで仕事を行うお客様は、**広いデスクスペース**と**本棚**を要望されることが多いので、部屋の形状は正方形より**長方形**がオススメ。効率的な間取りを作成しやすいです。

※どんな作業をするのかを細かく聞くことで、必要な面積がある程度想定できるはずなので、面積を伝えてお客様の承認をもらいましょう。

〈趣味の部屋として書斎を使う場合の質問例〉

「どのような趣味に使用されますか？」
「机の寸法はどの程度必要ですか？」

「どんな収納が必要ですか？」

※趣味の部屋として使う場合には、お客様のコダワリが強いことが多い分、部屋の広さや形状などについてプロ側がアドバイスするとマイナスに働くことがあります。まずは**お客様が要望される面積や形状**を聞き入れ、全体の面積に対して部屋が大きすぎる場合には、**最後**に小さくすることを提案しても良いと思います。

⑧ **浴室**

●**ユニットバスか造作浴室か**

↓多くのお客様はユニットバスを希望しますが、好みにつくれる「**造作浴室**」を知らないお客様もいるので「気づき」を与えるために、あえて質問しましょう。

●広さ

↓**1616サイズ**（大人一人が小さな子供と入れる広さ）が一般的だが、広めを希望するお客様には**1620サイズ**（大人一人が子供2人と入れる広さ）以上がオススメ。

↓いずれ子供が一人で入れるようになることを考えれば1616サイズで十分ですが、夫婦が高齢になり**要介護**となった際に車椅子や介助者が入れるようにしておきたい場合には、最低でも1620サイズが必要。浴室のドアも**広いドア**や**引き戸**がオススメ。このような情報もお知らせすることで、お客様に「気づき」を与えられます。

⑨ **洗面所**

●**数**

↓特に、子供に女の子のいる夫婦には「洗面所が1つでいいか」を確認しましょう。

〈質問例〉

「年頃のお嬢様が洗面所を使い、浴室に入ろうとしているときに、旦那様が間違って洗面所に入ってしまったら、大変なことになりますよね？　お嬢様が中学生くらいになってくると、お化粧などもするようになり、朝にヒゲも剃れない……とおっしゃるお客様もいらっしゃいます。洗面所以外にご夫婦用の洗面が必要だったりしませんか？」

※娘さんがいないご家庭や、娘さんがまだ小さい場合には「必要ない」と言われることが多いのですが、あえてこのような質問をすることでお客様への誠意を示すことにもなります。

※洗面所を増やさない場合でも、次のような提案をすると喜んでもらえることがあります。

〈提案例〉

「奥様は洗面所でお化粧されますか？　女性が洗面所でお化粧をされているときに男性が洗面所を使うことができなくなるケースを避けるために、洗面所に洗面ボウルを2つ要望される方や、洗面台のカウンターを広くしてほしいといったご要望をいただくことがありますが、いかがでしょうか？」

---

⑩脱衣所

●脱衣所が必要か

↓ここまでのヒアリングで、「脱衣所を提案することでお客様に『脱衣所が必要』と思わせてしまうことが、お客様にとって良いことなのか悪いことなのか」を判断しましょう。

↓脱衣所にはメリットもあるが、面積や予算も増える。アミーゴでは、延床面積が45坪以上の家の場合には脱衣所の設置をオススメしています。

⑪水回りの使用時間帯

●浴室、洗面所を**深夜**や**早朝**に**使う**ことがあるか

↓寝室や子供部屋の上階・隣室に水回りを設置して問題ないかどうかの判断材料にしましょう（深夜や早朝に水回りを使う場合、排水やシャワーの音が隣室や下の階に漏れるので、間取りで考慮する必要があります）。

↓寝室や子供部屋の上に水回りを設置した場合に音漏れは避けられないことを知らないお客様もいるので、事前に伝えておきましょう。

⑫トイレ

●動線計画

↓**寝室やＬＤＫに近いところに設置**するほうが動線計画的に良い旨を説明しておきましょう。

●位置

↓衛生面、見た目の問題から、位置を工夫する必要があることも伝えておきましょう（103、110ページ参照）。

⑬ダイニング

●日当たり

↓ダイニングの**日当たり**について検討するために、次の質問をしてください。

〈質問例〉

「朝食は皆さんで食べられますか？」
「平日や休日に自宅で昼食を食べることはありますか？」
「夕食は家族皆さんで食べられますか？」

※朝食を食べるお客様には、「東からの光がダイニン

グに入るように計画してみます」と伝えてください（人間は、朝に太陽光を10〜15分浴びることで脳が活性化すると言われています。朝食を食べながら日光浴ができれば一石二鳥です）。東からの光を入れることが難しい場合にも、日当たりをなるべく良くするよう努めてください。

●テーブルの大きさ

↓4人掛けか6人掛けかなど、テーブルの大きさを確認することで、畳数や面積に縛られることなく、テーブルが配置できるダイニング空間を提案できます。

⑭ **リビング**

●日当たり

↓リビングの**日当たり**について検討するために、次の質問をしてください。

〈質問例〉

「朝リビングでゆっくりする時間はありますか？」

「休日は家でくつろぐことが多いですか？」

「夜はリビングでくつろぐことができていますか？」

※今の日本では、日中にリビングでくつろぐ時間が持てる人は少なく、どちらかというと**夜間**にくつろぐ人が多いです。そうしたお客様のためには、夜間の**照明計画**をこだわると伝えましょう。

●**広さについてはあえて何も聞かない**

↓「リビングを広くしたい」と要望されるお客様が多いので、畳数を確認するとやぶへびになることも多々あります。面積については⑮のキッチンに関する希望を聞き取ったあとに確認します。

⑮ **キッチン**

●設備の種類（**壁面型**、**ペニンシュラ型**、**アイランド型**）

↓各名称について知らないお客様には、それぞれの違いをシッカリ説明しましょう。

↓この質問に答えてもらうことで、キッチンの必要面積が把握できるはずです。それにより間取りも作成しやすくなります。

↓⑬〜⑮の質問に答えてもらったら、ある程度のLDKの面積や畳数が予想できるはずです。お客様に「**最低限のLDK面積**」を伝えましょう。

●LDK**を何階に設置したいか**

↓以下の特徴を伝えながら、どの階にLDKを設置するか、お客様と一緒に考えてください。

〈LDKを1階に設置する場合〉

・玄関からの荷物を1階のLDKに収納することが可能です。

・階段をＬＤＫに設置する「リビング階段」にする場合には、家族がＬＤＫを通って上階にアクセスする動線計画になるため、必然的にコミュニケーションが円滑になります。
・敷地が広く、庭を広く計画できる場合には、ＬＤＫの床とウッドデッキなどをつなげることでＬＤＫをより広く演出できます。
・2階以上にＬＤＫを設置した場合に比べて、日当たりは軽減します。

〈ＬＤＫを2階以上に設置する場合〉
・1階にＬＤＫを設置する場合よりも日当たりは良くなります。
・バルコニーを設置して外部空間とＬＤＫを一体化させることで、ＬＤＫを広く演出できます。
・3階建て以上の場合で2階にＬＤＫを設置すると、1階のＬＤＫと同様に階段をＬＤＫに設置することでコミュニケーションを円滑にすることができます。

---

⑯**パントリー**
●パントリーが必要か
↓⑮のキッチンのヒアリングと併せて、「食品庫としてのパントリーが本当に必要か」をシッカリ確認してください。

↓そもそも**パントリーの定義**を勘違いしているお客様も多いです。アミーゴが定義するパントリーは「人間が入ることができる収納空間」ですが、「壁面に食品を収納するだけの空間」をパントリーと捉えている人もいます。どちらをイメージしているか、お客様に確認しましょう。

↓お客様に「収納・家電リスト」を記載いただいたあとに、必要となる面積や収納量を決めることが重要です。

⑰**家事室（洗濯物を乾かす・たたむ、アイロン掛け・縫い物などができる空間）**
●家事室が必要か
↓「家事室は必要ですか？」と聞くと「必要ない」と答える人が多いが、**『奥様の書斎』**としては必要ないですか？」と聞くと、少なからず関心を持つ人もいます。

⑱**ウォークインクローゼットまたは壁面収納**
●希望する収納のスタイル
↓人が入れるウォークインクローゼットが希望なのか、壁面収納が希望なのかを確認してください。

↓その際に、ウォークインクローゼットと壁面収納の**「面積の消費量」**の違いについても必ず説明してください。少ない面積で最大限収納を増やしたい場合には、壁面収納のほうが向いています（94〜95ページ参照）。

⑲ シューズインクロークまたは靴箱

●希望する収納のスタイル

↓ウォークインクローゼットと同様、シューズインクローゼットも人が入れる分、面積を消費してしまうことを説明したうえで、どちらを希望かを確認しましょう。

↓シューズインクローゼットは玄関収納の機能も備えているため、アウトドアが趣味のお客様や、室内よりも玄関周辺に収納するほうが便利な所有物が多いお客様の場合に提案すると喜ばれます。

↓収納量については「収納・家電リスト」を活用して把握することがオススメですが、ヒアリング時に夫婦の靴の量を聞いておいても良いでしょう。

⑳ ファミリークローゼット

●ファミリークローゼットの提案

↓ファミリークローゼットの存在を知らない人もいるので、「家族全員の衣服を1カ所に収納することを目的にした収納部屋」のことであり、「衣服を1カ所に収納できることで、洗濯して乾かした衣服を家族それぞれの部屋に収納する手間が省けて効率的」であることを説明すると、新たな気づきを与えられます。

↓ファミリークローゼットは、夫婦共働きの場合や家事を効率的に行いたいお客様から人気なので、毎回提案すると良いでしょう。

↓一方で、子供が思春期を迎えた際に嫌がられる可能性もあることも併せて伝えましょう。

㉑ バルコニー、テラス

●バルコニー、テラスが必要か

↓バルコニーやテラスは当たり前のように設置を希望する人もいれば、**近年は希望しない人**もいます。そのことをまず伝えましょう。

↓2階以上に設置するバルコニーには、雨漏りが生じるリスクがあります。また、外に洗濯物を干さない人や外部空間を必要としない人もいることから、バルコニーやテラスを希望しないケースも出てきています。

↓敷地が広い場合に関しては、テラスを設けることで余った敷地を活用できるので、提案すると良いでしょう。

㉒ 玄関

●ふさわしい広さを提案

↓ここまでのヒアリング内容から、ふさわしい玄関の広さを判断して、お客様に提案しましょう。

↓建物全体が大きな場合には、広く豪華に見える玄関スペースを、反対に小さい場合には、広さを最小限に抑えても問題がないかを確認しましょう。

↓お客様の同意が取れていない間取りを提案することで成約の可能性を下げてしまうことを避けるため、こちらからの提案についてはお客様にきちんと確認することが大事です。

㉓ 階段（2階建て以上の場合）、廊下

●「リビング階段」を選択するか

↓左記のようなリビング階段の特徴を説明した上で、採用したいかどうかを確認してください。

・LDKに設置する「リビング階段」にすることで、家族がLDKを通って上下階に移動することになるので、コミュニケーションが円滑になります。
・一方、リビング階段はLDKと上下階を空間としてつなぐことになるため、冷暖房の効率が悪くなる点がデメリットです。
・ちなみに、廊下から階段にアクセスする階段にした場合には、家族のプライバシーを確保できるとともに、さらにはリビング階段のデメリットである冷暖房効率の低下を避けることができます。

●嫌いな階段の形状はないか

↓「**鉄砲階段**」「**イッテコイ階段**」「**らせん階段**」などの形状を説明し、それぞれのメリット・デメリットをお客様に伝えましょう。

↓嫌いな形状がない場合には、「私たちにお任せいただいていいですか？」と確認しましょう。

↓希望する階段の形状を細かく確認しすぎると、間取りの作成がかえって難しくなるので、「避けてほしい形状」を押さえておくだけにとどめておくのがオススメです。

●幅を広くして良いか（建物面積が広い場合）

↓建物面積が広い場合には、「階段や廊下の幅を広くしても良いか？」を併せて確認しましょう。

以上です！

今回お知らせした内容・項目はすべて、どのヒアリングでも毎回必ず確認するようにしましょう。

皆さんのヒアリングにぜひご活用ください。

2章

お客様はデザインを「感じて」いるだけ

デザインの方向性を一緒につくる方法

デザイン住宅＝何となくカッコいい家。そんな定義はもう古い！

お客様へのヒアリングが済んだら、次はお客様に提案する間取りを考えていく必要があります。
そのため、次なるプロセスは「**デザインの方向性**」の決定ということになります。
そこで、この章ではデザインの方向性を決めていく際の具体的な方法や注意点をお伝えしていきますが、その前に「そもそもデザインとは何か」という話をさせてください。それを知れば、皆さんの今後の仕事が変わり、世界が必ず広がります。ですので、今しばらくお付き合いください。

近年、住宅業界では「**デザイン住宅**」「**デザイナーズ住宅**」という言葉がよく飛び交うようになりました。では、これらの住宅が具体的にどんな家のことを指しているのか、皆さんはご存知でしょうか？　実を言うと、**明確な定義はありません。**

デザイナーがデザインしなければ「デザイン住宅」「デザイナーズ住宅」ではないといった決まりがあるわけではなく、どんな家もそれを名のっても問題ないのです。家を建てるためには、建築基準法をはじめとする様々な決まり事を守る必要がありますが、それに比べればデザイン住宅はある意味無法地帯と言ってもいいでしょう。

実際に、自社のホームページやSNS上に、何となくカッコいい感じの家を「デザイン住宅」「デザイナーズ住宅」と称してアップしながら集客に取り組んでいる会社を見たことはありませんか？　しかし！　ここで大事なポイントをお伝えしたいと思います。

そのようなデザイン住宅の捉え方は、**もう時代遅れ**です。

デザイン住宅あるいはデザイナーズ住宅は、これからの建築業界・住宅業界を生き抜いていくための鍵となる存在ではありますが、それらを「何となくカッコいい」と定義するだけでは不十分なのです。

問題解決・情報整理がなされてこそ優れたデザインだ

おそらく、世の中の多くの人は、次のような認識を持っているのではないでしょうか。

デザイン住宅＝オシャレな家。
デザイン＝オシャレにすること。

実は、この認識は正しくありません。では、そもそもデザインとは何なのでしょう？

「デザイン」という言葉の語源は、ラテン語の「designare（デジナーレ）」です。デジナーレには「問題を解決・整理するために、思考・概念の組み立てを行い、それを表現すること」といった意味があるそうです。つまり、本来の意味での「デザイン」には、次の3つの要素が含まれているわけです。

①問題解決
②情報整理
③表現方法

デザインについて、「グッドデザイン賞」を主催している「日本デザイン振興会」では、同会のサイトにおいて「『常にヒトを中心に考え、目的を見出し、その目的を達成する計画を行い実現化する』という一連のプロセス」と定義しています。また、アップル社の創業者であるスティーブ・ジョブズは、2003年の『ニューヨーク・タイムズ』のインタビューで「デザインは見た目や手触りだけではなく、どのように機能するかだ」と語っています。

いずれも「デザイン＝オシャレ」の一言で片付けられてはいません。表現方法（オシャレさ）も大切な要素ではありますが、同時に問題解決や情報整理がなされていてこそのデザインというわけです。

しかしながら、いま現在世に出回っているデザイン住宅は、「オシャレな家」といった認識にとどまっている感があります。そこでは「表現方法」についてしか考えられていないことがほとんどで、何も「問題解決」されていないし「情報整理」もされていない印象です。だからこそ、皆さんにチャンスがあるのです！　**デザイン住宅はまだ未開拓の市場、言わばブルーオーシャン**なのです。

見た目のオシャレさだけでなく「問題解決」と「情報整理」も含めた、本来の意味でのデザインをすることで、皆さんは他社と明確に差別化ができ、価値ある住まいをお客様に提供できるようになります。他社がまだ気づけていないポイントが2つもあるなんて、すごいと思いませんか？

好みが多様化した現在、「売れるデザイン」を考えても意味がない

ここまでのところで、良いデザインは「表現方法」「問題解決」「情報整理」の3点において優れているといったことをお伝えしてきました。

じゃあ、それって具体的にどんなデザイン？
こんなデザインが売れる！みたいな情報を教えてよ！

と思った方もいるのではないでしょうか。

しかし、残念ながら「売れる建築デザインとは○○だ」「今から○○なデザインが流行る」といった情報には、今後は意味がありません。現代は人の好みが**多様化**しています。流行りの商品や

トレンドデザインなどを大企業がつくり出し、広告宣伝を行い、戦略的に収益を伸ばすといったやり方で大きな成果を出すことは、すでに難しくなりつつあるのです。これは建築業界に限らず他の業界にも共通する流れです。

たとえば、デザインを売りにしているファッション業界においても、多様化の波は避けられず、固定商品が売れない現状にあります。かつては雑誌やテレビで芸能人が着ている服などが流行し、同じような服ばかりが売れる時代もありました。「ソバージュ」「アムラー」「腰パン」「ロン毛」といった流行があり、日本国民が同じデザインを取り入れないとダサい……。そんな風潮がありましたよね？　しかし、今は違います。インターネットやＳＮＳによりファッションにも多様化が進んでいます。そして、流行商品を大量生産・大量消費するかわりに、**個性を重視**したスモールブランドが存在感を拡大している流れにあります。

「大きな会社が流行をつくってきた時代から、小さな会社がつくる商品が売れる時代になってきている」「消費者が流行を追うのではなく、自分の〝好き〟を見つけやすくなる売り方・つくり方に変わっている」といった具合に消費スタイルが変わりつつあるというわけです。そして、未来のお客様となるのはこの消費スタイルになじんだ10代・20代の人たちであり、30代・40代の人たちもこの多様化の波に乗っています。

このような時代の中で、パッケージ化された建築商品を作ることは、はっきり言って無意味です。かつては主流だったパッケージ商品は、近年に関しては広告も見なければ、営業電話もなくなりました。

では、代わりにどんな家づくりをすればいいのか？　その答えとなるキーワードが次の３つです。

①**地域性**：皆さんが建物をつくっている地域によって売れる商品が違います
②**顧客属性**：皆さんの会社に来るお客様の費用や趣味が違います
③**企業方針**：使える建材や予算が会社によって違います

これらを前提に、地域に適した、顧客層が満足する、会社が疲弊しない建物を商品開発してつくることが、今後の建築業界を生き抜くため、住宅業界で成功するための必須条件となります。ぜひ、皆さんの地域で人気があるデザインを調べてみてください（地域性）。そして、皆さんの会社に来るお客様の属性を調べてください（顧客属性）。加えて、皆さんの会社で扱える仕様を確認してください（企業方針）。そのうえで、これらの情報を踏まえながら「**自社のデザイン**」を決めていってください。この方法については、５章でも詳しくお伝えします。

プロ側の提案だけでデザインを進めるのは極めて危険！

ここからは、お客様と行う家づくりの話に戻ります。住まいのデザインの方向性をどのように決めていくかについて話をしたいのですが、ここで質問です。

家づくりにおいてデザインの方向性を決めるのは、誰だと思いますか？

「そりゃ、プロの側でしょ？」

多くの方はそう思うのではないでしょうか？

「デザインに関心のあるお客様ならともかく、デザインに大して興味を持っていないお客様に、わざわざ提案なんてしなくていいのでは？」

「プロ側の提案を納得してもらったほうがコッチとしても楽だから、提案しちゃうよ」

そんなご意見もあるでしょう。しかし、それはひと昔前の考えです。今の時代、プロ側の提案のみで家をつくるのは、**極めて危険です**。

確かに、デザインを提案できる機会にまでこぎ着けることができたのは、お客様からある程度の信頼をいただけたからだと思います。しかし、だからと言って、お客様が「すべてをプロにお任せ」と全幅的な信頼を置いてくれているのだと安心してはいけません。今のお客様は、昔のお客様と比べると、劇的に変化しているのです。

どのような点で変化しているのか？　その変化に気づいていないと、どんなリスクがあるのか？　続いては、それらについてお伝えしていきます。

完成間際や完成後に「イメージと違う」と言われないために

今のお客様と昔のお客様の大きな違い、それは、**今のお客様は不安になると調べ尽くす**ということです。
インターネットが世に出て、みんながスマホを1人1台持つようになり、様々な人がSNSでいろんな情報を開示している現在は、昔に比べて「調べる」ことが簡単になりました。
そのため、家づくりにおいても、たくさんの情報を仕入れて勉強している「**プロ施主**」と呼ばれる人たちも出てきています。そうした人たちの多くは、自ら集めた知識をもとに積極的に要望を伝えてくれます。また、こちら側に要望や質問を伝える際に、「この記事にこう書いてあった」「この写真みたいな外観がいい」と、調べた記事や写真を見せてくれることもあります。そうすると、お客様の言葉だけでなくそうしたものも参考にしながらコミュニケーションが取れるため、お客様の要望をより深く汲み取ることができるといったメリットもあります。

そうした点はプラスの側面と言えるでしょう。しかし、同時にマイナス面も存在します。家づくりに積極的な方々ばかりが「調べる」わけではないのです。私たちプロにとって一番やっかいなのは、**家が完成してから調べだす人たち**です。

たとえば、デザインにあまり興味がないお客様がいたとします。ひと昔前のやり方なら、そうしたお客様にはこちら側からデザインを提案し、了承を得たのち、そのデザインで家づくりを進める……といった形を取ることが多かったと思います。

しかし、今の世の中でこうした進め方をしてしまうと、どうなってしまうでしょうか？　もしお客様が、完成した家に対して「イメージと違う」「なんだかダサい」「使い勝手が悪い」「暑い・寒い」といった違和感を持った場合、そのお客様はその時点から調べ始めます。そこで初めて様々な知識を手に入れた結果、会社にクレームを入れてくる……というパターンも、実は増えているのです。

皆さんのお客様の中に「デザインに関する質問は一切ないが、住宅性能や価格など、他の項目については質問してくる」といった方はいませんか？　そうした方に対して「デザインに関しては〝このまま進めて良い〟と思ってくれている」といった印象を持つのは危険です。その人は、住宅性能や価格については関心があるため自分から調べて質問をする一方で、デザインには関心がないから調べていないだけで、納得しているとは限りません。事後のトラブルを防ぐためにも、デザインの決定にも参加してもらう必要があります。

また、完成後とまではいかなくても、「その話はもう了承済みだったはず」というタイミングで修正を要望されることはこれまでになかったでしょうか？　こうしたトラブルの根本にも「不安になったお客様が、自分であれこれ調べている」といった行動が潜んでいます。

今の時代、会社側が主導権を握り、一方的に家づくりを進めてしまうと、「こちらの気持ちが無視されているのでは」と不安に感じたお客様が、様々な情報をネットで検索し、その知識をもとにクレームを入れてくるといったリスクがあります。そうした事態を生まないためにも、「**お客様を不安にさせないこと**」が大切なのです。

会社の将来のためにも お客様を不安にさせてはいけない

ここまでの話で「完成後にクレームを入れてくるお客様なんて、今までいなかったぞ」と思われた方もいるかもしれませんね。確かに、日本では完成した建物にクレームを言ってくる人はそう多くないかもしれません。

ただ、「こんなはずじゃなかった」と心の中で思っている人は少なくないはずです。何千万円もかけてつくった家にもかかわらず、どこかイメージと違う……と感じるお客様がいると、「顧客満足度」は当然低くなってしまいます。

そのようなお客様が内在的に増えると、将来的に会社にも影響が出てきます。「引っ越し済みのお客様から、ほかのお客様のご紹介をいただけない」「アフターメンテナンスの際、お客様との関係が良くない」といったこと以外に、長期的に見るともっと重要なのが「**会社のファンが育たない**」「アンチが増える」ということです。このような状況が続くと、ホームページにお金をかけ、SNSを頑張っても集客につながらなかったり、地元での評判が下がった結果、他の地域での仕事が増えてしまったりといった負のスパイラルに陥っていく可能性だってあります。

では、どうすればいいのか？　その答えは「デザインに興味がないお客様にもデザインを考えていただく」です。

え？　そんなことできるわけないじゃん……。

そんな声が聞こえてきそうですが、興味がない方にも**楽しくデザインを考えていただくための方法**があるのです。もちろん、その方法はデザインに興味があるお客様に対しても有効です。続いて紹介していきますね。

楽しく気軽に画像収集。「ピンタレスト」を活用しよう

私が皆さんにオススメしたい方法は、「**Pinterest（ピンタレスト）**」を使うことです。ピンタレストとは、ウェブ上で見つけた画像や自分で撮影した画像など、お気に入りの画像をまとめて保

存しておくことができるブックマークツールです。

より有名な画像投稿アプリとして、ＳＮＳの「Instagram（インスタグラム）」をご存知の方は多いと思います。インスタグラムは画像の投稿に主軸が置かれているのですが、ピンタレストは画像の収集がメインのツールなので、自分が保存した画像をシェアする機能も搭載されています。この点が、お客様との情報共有の際に非常に役に立つのです。また、画像データをパソコンやスマホ、クラウド上に保存する方もいますが、そうすると多くの容量を必要とします。対して、ピンタレストは容量を気にすることなく画像データをスマートに共有できるため、非常に便利です。

皆さんはピンタレストで住宅デザインの画像を集め、それらをお客様と共有し、お客様に「**自分の趣味に合う画像**」だけを集めてもらうようお願いしてください。そうすると、お客様が「**自分で考え**」、興味がある画像を選んでくれるはずです。

こんな話をすると、「え？　お客様に画像を集めてもらうの!?　そんなことしてくれるわけないじゃん！」と思う人もいるかもしれませんね。おそらく、そう思った人の多くは、ピンタレストを使ったことがない方なのではないかと思います。

ピンタレストは、誰でもカンタンに使える楽しいツールです。皆さん自身がプロとして様々なデザインの画像をピンタレストに保存して、その中からお客様に好きなものを選んでいただくことで、デザインに興味がある人もない人も、楽しく画像を集めてくれます。

しかし、お忙しい皆さんが一から自分で画像収集をするのは大変だと思います。私、アミーゴ小池がジャンル別に整理・収集した住宅の画像を次ページの表に紹介しておきますので、ぜひご

シンプルモダン	https://www.pinterest.jp/amigo1985design/ シンプルモダン /
和モダン	https://www.pinterest.jp/amigo1985design/ 和モダン /
ナチュラルモダン	https://www.pinterest.jp/amigo1985design/ ナチュラルモダン /
南欧デザイン	https://www.pinterest.jp/amigo1985design/ 南欧デザイン /
北欧デザイン	https://www.pinterest.jp/amigo1985design/ 北欧デザイン /
リゾートデザイン	https://www.pinterest.jp/amigo1985design/ リゾートデザイン /
ラグジュアリー	https://www.pinterest.jp/amigo1985design/ ラグジュアリー /
インダストリアル	https://www.pinterest.jp/amigo1985design/ インダストリアル /
ボタニカル	https://www.pinterest.jp/amigo1985design/ ボタニカル /

活用ください。これを皆さんの側からお客様に共有して自分の趣味に合う画像を保存してもらうようお願いしてください。

お客様に「好きなデザインを、インターネットや雑誌から自分で探してきてください」とお願いすると、作業にたいへんな手間がかかるため、お客様のやる気もダウンしてしまうかもしれませんが、すでにコチラで用意した画像から選ぶだけであれば、お客様の心理的負担も少なく、楽しんで選んでくれます。「デザインには興味がない」という方にも、「気になる外観とLDKの画像だけでも見てみてください」と言って、選んでもらってくださいね。

また、先ほど紹介した私が集めた画像は、ジャンル分けしているので、デザインの知識がないお客様も、選ぶ作業を楽しみながら「自分は『シンプルモダン』系が好きなんだな」「『南欧デザイン』は土っぽい質感を取り入れたものが多いな」など、デザインに関する気づきが得られることもポイントです。こうした作業を通して、「何となく好き」「カッコいい」としか思っていなかったデザインに対して、お客様側も一歩踏み込んで意識できるようになるはずです。すると、後に続くやりとりもスムーズになるのではないかと思います。

それから、大事なお願いなのですが、このようにしてお客様が考えて選んだ画像は、**必ず共有してください！**　このプロセスを加えることで、「プロ側の提案のみでつくった家」ではなく「**お客様本位でつくった家**」になるのです。そして、完成後にクレームが生じることを防いでくれます。

お客様はデザインを「感じて」いるだけ、「理解」してはいないことを心得よ

ここまでは、ピンタレストの画像を共有しながらお客様とデザインの方向性を決めていく方法をお伝えしました。続いては、その際に注意してほしい点をお伝えしていきます。
それは1章でもお伝えしたことですが、**お客様の「御用聞き」になってはいけない**ということです。お客様が選んだ画像通りの家を建てるのではダメです。お客様の「世界に1つしかない土地」に家を建てるのですから、「世界に1つだけの家」を建てなければいけないのです。
この「世界に1つだけの家」という言葉にアレルギー反応が出た方もいるかもしれませんね。
「自分たちはデザインが得意じゃないから、『世界に1つだけの家』なんてつくれないよ！」と思

ったのではないでしょうか？

しかし、その考えが、すでに間違っています。

まず「世界に1つだけしかない土地」についてですが、面積や形状などが同じ土地はあっても、近隣の建物の状況や、建物から見える景色、日当たりといったものまで〝同じ〟土地などというものは、世界中を探したって絶対にありません。だから、それと同じ意味で、皆さんがその土地に合わせて考えた建物というのは、必然的に「世界に1つだけの家」になってしまうのです。

ここで皆さんに理解いただきたいのは、「そんな世界に1つだけの家をつくる私たちプロは、素人であるお客様の御用聞きだけで仕事をしてはダメだ」ということなのです。

そして、お客様の「世界に1つだけの家」を建てる際、とても重要になってくるのが、お客様が『ピンタレストで』選んでくれた画像をシッカリ「**言語化**」するという作業です。

まだチョットわかりにくいですよね？　1つずつ説明していきますね。

近年のSNSの発達によって、お客様は様々なツールを使って、プロである皆さんに自分たちの希望を伝えてきます。情報収集に余念のない「プロ施主」と呼ばれる方々も出てきて、今までの接客スタイルや知識だけでは太刀打ちできないお客様も少なくないはずです。

最近のお客様との打ち合わせは、昔よりも難しい！

そう感じているプロの方もいるのではないでしょうか？

私自身もプロの端くれとして、その気持ちはよくわかります。しかし、だからと言って、お客様の要望をそのまま受け入れるだけの「御用聞き」になってはいけません。信頼されるどころかクレームの元になるからです。ピンタレストで共有した画像と同じデザインで家づくりをすることは非常に危険なのです。ナゼ危険なのかと言うと、お客様は自分たちの希望をプロに伝えている際に「ナゼ自分たちがそれを良いと思っているのか」については理解していないからです。言い換えれば、**お客様はデザインをただ「感じて」いるだけ**なのです。

「感じて」いるだけで、**「理解」はしていない**というのがポイントです。

アルゴリズムによって デザインを「理解」するプロセスが省略されている

皆さんもこれまでに、ピンタレストやインスタグラムなどのインターネット上のツールを通じてお客様が希望するデザインの「画像」を見せてもらった経験はあるのではないかと思います。プロである皆さんには、それとまったく同じ建物はつくれないことはおわかりですよね。なぜなら、建物の大きさも規模も、お客様が建てようとしている土地に合わせたものではないからです。

もちろん、そのことをお客様にも伝え、了承をいただいてから家づくりを進めていくはずですが、それでも完成した建物を見て「思ってたのと違う……」と言いだすお客様は少なからずいるのではないでしょうか。

では、ナゼお客様は自分が選んだ画像をそこまで「信じ込む」ことになり、自分たちが選んだ画像と同じ家をつくれると「信じ込む」ことになるのでしょうか？　それは、お客様が画像集めをする際に利用しているＳＮＳなどの**アルゴリズム**の特性によるところが大きいのです。ピンタレストやＳＮＳ（インスタグラムなど）にはそれぞれに独自のアルゴリズムが採用されており、ユーザーにとって最適化された情報が表示される仕組みになっています。たとえばピンタレストでは、「自分が見つけたオシャレな写真と同じような写真を見つけたい」と考えるユーザーのために、探した画像と似た画像を自動でお知らせしてくれる機能があります。

この章の冒頭で、デザインには「問題解決」「情報整理」「表現方法」の３つの側面があることをお伝えしましたが、こうしたツールも１つの「デザイン」です。インターネット上にある建物の画像から、自分が好きなものを見つけ出すのに時間がかかるという「問題」を「解決」し、集めた画像を自分がわかりやすいように「情報整理」でき、たくさんの画像の中でも見栄えがするものを目立たせる「表現方法」も備わっています。

つまり、ピンタレストやインスタグラムなどで好きな建物の画像を探しているお客様は、「ナゼ自分がそれを好きなのか」（あるいは「逆に、どんなものが嫌いなのか」）といったことを自分でわかっていなくても、好みに合った画像だけをどんどん選べてしまうのです。問題解決・情報整理はツールが勝手にしてくれるため、自分がそのデザインを好きな理由や傾向などを理解しないままに、「感じる」だけで自分好みの画像を集められるのです。

こうしたツールは私たちプロにとっても便利なものですが、家づくりを行う側にとってはデザインの決定方法に変化をもたらしたと言えるでしょう。

「デザインの言語化」が、信頼を得るためのプロの責務

昔の住宅業界の家づくりは、おおむね次のような流れで進んでいました。

①お客様は、家のデザインについて詳しい知識を持ち合わせておらず、「どんな家を建てたいか」など好みのデザインもわからない状態
②そんなお客様がプロに相談し、プロが提案を行う
③お客様が納得すると、契約に至る

こうした時代には、プロに必要とされるデザインの知識もそこまで高度なものではなかったはずです。お客様側にもプロに対してある程度の敬意があり、提案に納得してくれる傾向があったかと思います。

しかし、今は違います。お客様が自分好みのデザインを自分で集めて、勉強までして皆さんに見せてくるのです。しかし、お客様が自分で集めた画像は、そのデザインをきちんと理解して集めたものではなく「感じて」集めたものだという点に注意が必要です（それゆえ、言われた通り

につくるとクレームが来ることもあります）。

たとえ勉強熱心な方であっても、お客様は良くも悪くも「**素人**」です。また同時に、お金を払ってくれて、その家をどうつくるかを計画するオーナーでもあります。お客様が様々なツールを使って好みの画像を探して、「この通りにお願いします」と言われたとしても、ただ言われたままに建物をつくるのではなく、プロとして**否定**しなくてはならない事柄であれば、シッカリと意見を伝え、お客様を納得させたうえで作業を進める必要があるのです。

ここで、本来のデザイン手法である3つの方法に当てはめてみましょう。

①問題解決：好みの画像の通りに計画した場合に発生するであろうデメリットの改善
②情報整理：好みの画像の傾向を整理し、コンセプトを設定
③表現方法：問題点の整理を行い、新しい提案をする

こうしたやりとりを行って、デザインの方向性を決めていくことが、まさに本来の意味での「デザインをする」ということです。

そして、お客様に納得してもらうために必要となるのが、デザインを「**言語化**」して説明する作業です。お客様は好みのデザインを「感じて」いるだけなので、皆さんはプロとして「ナゼそのデザインにデメリットがあるのか」「代わりにどうすれば希望に沿えるのか」といったことを説得しなくてはなりません。つまり言語化とは、皆さんが考えた計画を説明するための行為だけに

とどまらない、お客様が選んできた画像に対して「ナゼその画像が魅力的なのか？　好みなのか？」を説明し、「どのように改善することで、より良い建物になるのか？」を言葉として表現する行為だとお考えください。

では、この「**デザインの言語化**」とは具体的にどんな作業なのか、続く「実践演習」を例にお伝えしていきます。

実践演習

打ち合わせで画像を見せられた瞬間に、特徴を10個以上言えますか？

ここでは「デザインの言語化」とはどんな作業なのかを皆さんに体感していただきたいと思います。左のページの画像をご覧ください。家づくりの打ち合わせで、お客様がこの画像を皆さんに見せて「こんなLDKにしてほしいです」と言われたとします。皆さんはお客様に、どのようにすれば「この画像のような空間」をつくっていけると答えますか？　実際の打ち合わせだと思って考えてみてください。

お客様との打ち合わせでは、プロなら画像を見て1秒で話し出せるとベストでしょう。考える時間を取りすぎると「この人、わかっていないのでは？」とお客様に疑われてしまうからです。そもそもデザインの言語化が大切なのは、**お客様の信頼**を得るためなので、不信感を抱かれてはいけません。

もしこの画像を打ち合わせで見せられたとしたら、私なら次のようにお客様に伝えます。

「画像を見る限り、『全体』的に重いデザインですね。このデザインにするためには、『お色合い』を濃いトーンでまとめることがポイントとなります」

「しかし、すべてを濃くすると、実はこのデザインにはならないんです。よく見ると、『天井』は濃いお色じゃありませんよね？　天井が濃いお色だと、もっと重たい雰囲気の空間になってしまいます」

「さらに、『床』を見ると、フローリングはウォルナットほど濃くはなく、チーク程度のお色合いですね。加えて、家具がある床は薄いグレーのタイルのように見えます」

『壁』は濃い木材と、床よりも濃いグレー、さらにアクセントの文字が書いてある壁紙とコントラストがありますよね？」

「全体的に多くの『素材』を使っているので、注意が必要ですね」

『この画像の建物』だから、多くの素材を組み合わせることで『バランス』良く見えますが、『今回の計画』では、素材の組み合わせも考えて『提案』します。天井も床も壁もすべてを濃くするのではなく、バランスが大切ですからね」

「最後に『照明計画』も、全体を明るくするのではなく、部分的に明るくすることで『明暗』をつける計画にしたいと思います」

「拝見した画像とまったく同じ提案では、『今回の計画』と合わない場合がありますので、別の提案も行いますね」

いかがでしょうか？　チョッとプロっぽく感じられたのではないでしょうか？　長くなるのでココでは省略しますが、実際の打ち合わせではこの内容の**2倍**は言語化して説明していただきたいところです（たとえば「ここの部分の納まりが……」「この見切りが……」など）。

プロの皆さんからすれば当たり前に感じるような文言が多々あったかと思いますし、なかにはすでにお気づきの方もいるかもしれませんが、前述した私の説明には、重要な**5つのポイント**が含まれています。早速、説明していきます。

〈ポイント①〉床・壁・天井など項目別にデザインの情報を整理

1つ目のポイントは、「全体」「床」「壁」「天井」など**項目**別にデザインの情報を抜き取って説明をすることです。

まずは「全体的に重いデザインですね」のように、空間全体の情報を説明します。たとえば「シ

「南欧風」「北欧風」「エレガント」「クラシック」「クール」「ナチュラルモダン」「シンプルモダン」「ヴィンテージ」「インダストリアル」「シャビーシック」……といった具合に、内装デザインにはいろいろなタイプがありますので、こうした表現も使いながら、お客様の好みがどういったタイプに属するのかを言語化することも、お客様側にとっては有益な情報となるでしょう。

続いては、床・壁・天井など項目別に説明をしながら、それぞれが空間全体の雰囲気（重いデザイン）をつくるためにどのように工夫されているのかを伝えます。

たとえば、部屋のイメージを大きく左右し、数ある項目の中でも最初に決めることが多い床材が、ナゼこの色・素材になっているかといった説明だとか、83ページの画像にある英字プリントの壁紙のように、一面の壁だけ異なる壁紙を使って個性を出す「アクセントウォール」がポイントだといった情報だとか、天井は明るい色を選ぶほうが天井が高く見える効果があるため、画像では明るい色が採用されているといった情報など、各パーツをどう選ぶかによってどんな効果が得られるかといったことを伝えてください。

このような説明をするだけで、お客様は私たちプロの意見に熱心に耳を傾けてくれます。なぜかと言うと、お客様は画像全体を見て「カッコいい！」と「感じて」いるだけなので、なぜ「カッコいい」のかといった情報はお客様にとって新鮮で説得力があるのです。こうした項目ごとの情報の説明は、私たちプロであればこれまでの経験をもとにできるはずで、さほど難しいものではないと思います。

加えて、全体の情報だけではなく、細かい項目も併せて説明することで、デザインの情報整理が行えます。また、お客様はそれらを聞くことで、こうした細かい要素がうまく調和することで全体の雰囲気というものがつくられていくことを知ることにもなるのです。

〈ポイント②〉色合いを説明しながら、バランスの重要性を伝える

2つ目のポイントは、**「色合い」**の説明です。

壁が○色で床が○色、天井は○色です……といった説明だけなら、プロじゃなくてもできるのでは?と思いませんか? しかし、重要なのは、単なる項目ごとの説明で終わるのではなく「すべての色を説明して、**〝バランスが大切〟**ということを伝える」という点です。

プロの皆さんの中にも「お客様が『部分だけ』の色を指定してくる」といった経験をされている方は、少なからずいらっしゃるのではないでしょうか? たとえば「床は濃い色のフローリングが希望です」「壁は白のタイルを貼ってください」といった要望を受けたとします。それらの言葉に素直に従ってしまうと、**プロとしては失格です。**細かな色合いの組み合わせが相乗効果を生み、全体として空間のバランスがつくられることをお客様に伝えてください。

その際には「壁や床などの部分のみにコダワルだけでは、良い空間、希望の空間になりませんよ」ということを直接的に伝えないよう注意しましょう。まずは「ナゼその色合いを希望するの

か？」といった理由は聞いておきたいところです（たとえば「濃い色のフローリングがいい理由は、汚れが目立ちにくいからですか？　それとも、落ち着いた雰囲気に仕上げたいからでしょうか？」など）。それを踏まえたうえで、色の組み合わせについて、バランスの重要性を伝えながら、間接的に否定したいところです（「家の雰囲気は、壁や床、天井などの細かい部分の相乗効果で決まってくるので、バランスが非常に大切なんです。フローリングを濃い色にした場合、ご希望の落ち着いた雰囲気に仕上げていくとすると、壁の色は○○で、マットな質感がおすすめだと思います。タイルで異素材感を出すのであれば、○○といったものも合うと思いますよ……」など）。

　このような伝え方ができれば、お客様のピンポイントなこだわりを否定できるうえ、プロとしてお客様の信頼を得ることも可能となります。

〈ポイント③〉
素材の説明でお客様に「気づき」を与える

　3つ目のポイントは「**素材**」の説明です。

　素材の勉強ができている人は、お客様が見せてくれた画像を見ながら、床にはチーク材、壁には漆喰……など「どの素材が使われているか」を言い当てることで、お客様の信用を勝ち取ることが可能となります。

とはいえ、写真などの画像を見ただけでは、正確な素材なんてわからないことがほとんどだと思いますが、正直、**正解じゃなくてもOKです！**

「これは○○材ですね。○○な質感が特徴なので、温かみのある雰囲気になっていますね」というふうに、説得力をもって伝えることができていれば、実際と違っていても構いません。

むしろ「これは何かな……？　う〜ん……」といった感じで悩んでしまう姿を見せると、お客様は不安になります。ここでは、お客様が知らない情報を与えること、お客様に**気づき**をどれだけ与えられるかが重要なのであって、それがプロとしての信頼につながります。

〈ポイント④〉「明暗」「照明」の知識でお客様からの信頼を得よう

4つ目のポイントは、「**明暗**」「**照明計画**」です。

お客様が「こんなイメージが希望です」と持ってくる画像やイメージ写真と同じ空間や建物をつくることは不可能だということは、これまでにもお伝えしてきました。その理由は、空間の広さや建物の規模が違うことに加えて、もう1つ重要な理由があります。「画像や写真と同じ**土地・環境**に建てるわけではないから」です。

画像や写真と同じ土地・環境で、まったく同じ計画をするのであれば、同じような空間をつくることは可能だと思いますが、実際はそうした状況はありませんよね？（建て替えで、「同じ敷地に元の家とまったく同じ空間をつくってください」という希望以外はあり得ないと思います）

だからこそ、お客様には「**光の入り方**や**周辺環境**の違いを踏まえ、〝今回の計画〟では別の提案をします」ということもシッカリ伝えてください。

さらに、照明の設置位置や強さ、窓の設置位置や形状、さらには光の強さについて、どうすればどんな効果が得られるかといった説明も併せて行っておきましょう。光の感じ方には個人差がありますが、照明や窓の光の量に関する話は、プロでない限りほとんどの人の意識にあまりのぼらない一方で、住まいの快適性や雰囲気を大きく左右する要素でもあるので、そこをシッカリ説明することでお客様の信頼を勝ち取りやすくなります。

〈ポイント⑤〉「今回の計画」を踏まえた言語化で釘を刺す

5つ目のポイントは、「**今回の計画**」というキーワードを用いながら釘を刺すということです。多くのお客様は、自分たちが気に入って持参した画像とまったく同じ家ができあがると完全に思い込んではいません。しかし、なかには思い込みの強いお客様がいらっしゃるのも事実です……。そのため、私たちプロは、「この写真の建物」ではカッコよく見えるけど、「今回の計画」

ではまったく同じ形にはならないということを話に織り交ぜていくことが重要です。

それは、前述したポイント①～④に沿って言語化していくことで可能となります。うまく言語化できれば、お客様の思い込みに気づいてもらえるだけでなく、お客様が皆さんを信頼してくれるきっかけにもなります（ただし、1～2回の説明で信頼してもらえるほど簡単ではなく、そうしたやりとりを何度も繰り返すなかで信頼関係が築かれることのほうが多いです）。信頼関係ができると、お客様は皆さんの提案に耳を傾け、採用してくれるようになり、納得のもと家づくりを進めることができるようになります。

やみくもに「写真とは同じにはなりません」と伝えるだけでは、たとえ言い方に気をつけていたとしても、思い込みの激しいお客様は「否定された」と感じてしまうかもしれません。しかし、相手がそうしたタイプのお客様であるときほど、きちんと伝えておくことが**絶対に必要**なのです。シッカリ釘を刺しておかないと、完成後の建物をお客様が見て、「共有した画像とイメージが違う」という話になり、**最悪の場合は損金**となるリスクも否めません。

いかがでしたか？「デザインの言語化」の力を鍛えると、打ち合わせがスムーズになります。うまくできるようになると、街を歩いていても目に入った建物でトレーニングしたくなってきます。頭の中で考えるだけでは、できそうな気になってしまうので、言語化のトレーニングは**文字で残す**ことがポイントです。皆さんのご健闘をお祈りしています。

3章

こんな間取りはダメだ！

間取りの提案で失敗しない方法

6000組のお客様に聞きました。「こんな間取りで大後悔！」

2章は抽象的な話が中心でしたので、この章ではチョッと気分を変えて、具体的な事例を盛り込みながら、間取りについてお伝えしていきたいと思います。

私、アミーゴ小池は、かつては大手ハウスメーカーや設計事務所、建築家のもとで経験を積み、現在はコンサルティング会社の代表として、これまでに6000組以上のお施主様の話を聞き、提案やアドバイスを行ってきました。

多くのお客様から「こんな間取りにして後悔した」「自宅のココが使いづらい」「他社で提案された間取りのこの部分に納得できない」といったお話を聞き取ってきたなかから、特に**不満が多かった事例**を12項目紹介いたします。皆さん自身、これからお伝えするような間取りの提案をしていなかったかどうか、ぜひ一度振り返ってみてください。

〈事例①〉兄弟一緒の子供部屋
子供の将来を真剣に考えた計画を

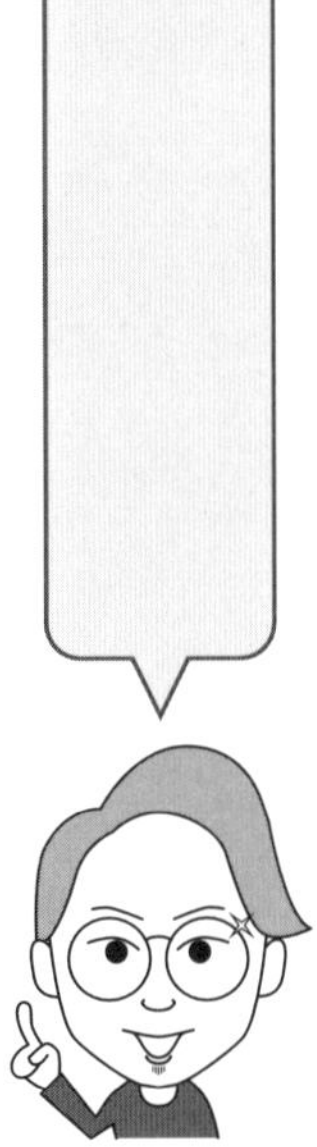

最初に紹介するのは「**兄弟一緒の子供部屋**」です。まだ子供が生まれていないお客様や、子供がまだ小さいお客様に特に多いのですが、「子供部屋は兄弟一緒でいいんじゃないかな」という声を耳にすることがあります。ですが、実はこれ、**設計の教科書的にはＮＧ**とされています。

特に子供の性別が違う場合は、成長に伴って身体的な変化も出てくるので、互いのプライバシーを守るためにも別々にしておくのがセオリーです。では、同性の兄弟・姉妹なら同室でＯＫかというと、特に男子の場合は、思春期に入ると一人でいたい場面も増えてきます。姉妹の場合には同室でもうまくいくパターンも見受けられますし、まれに異性の兄妹・姉弟でも問題ないケースもあるようですが、一般的にはＮＧと考えておくほうが無難です。

ですので、プロである皆さんは、お客様が「**兄弟一緒の子供部屋**」を希望していたとしても再度確認することが重要になります。また、希望される場合であっても、可動式の間仕切りや下地などを設けて将来的に部屋を分割できるようにしておくことが望ましいでしょう。

一方、子供部屋にあまりスペースが取れない場合には、次ページの図のような方法を提案する

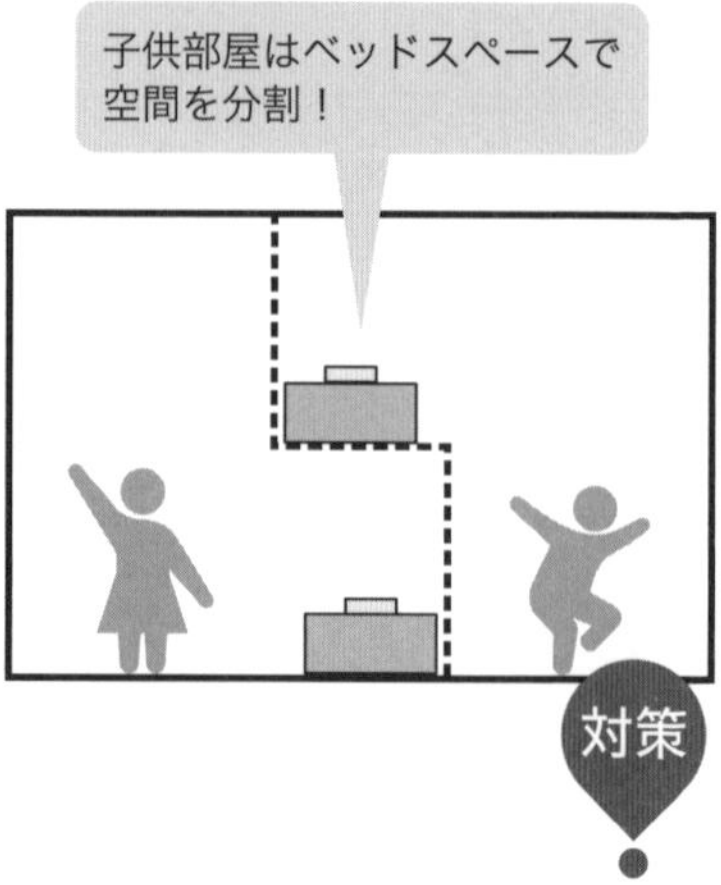
子供部屋はベッドスペースで
空間を分割！
対策

のも一案です。空間を分割する壁をくぼませて、それぞれのベッドスペースに利用すれば、限られたスペースを有効に活用しながらそれぞれのプライベート空間を確保できます。

子供部屋は、成長に伴って「別々にする必要が出てきた」「もう少し広くしたくなった」といった相談をいただくことが非常に多い箇所になります。そうした実情を伝えながら、あらかじめそれを見越した提案をしておくと、「さすがはプロ！　よくわかってるな！」と喜んでいただけるでしょう。

〈事例②〉片面しか収納できないウォークインクローゼット
ほぼ同じ収納量なのにＷＩＣのほうが面積を奪ってしまう

続いては「片面しか収納できないウォークインクローゼット（ＷＩＣ）」です。まずは左ページの２枚の図をご覧ください。

お客様にウォークインクローゼットを提案する会社は多いと思います。しかし、人が入るため

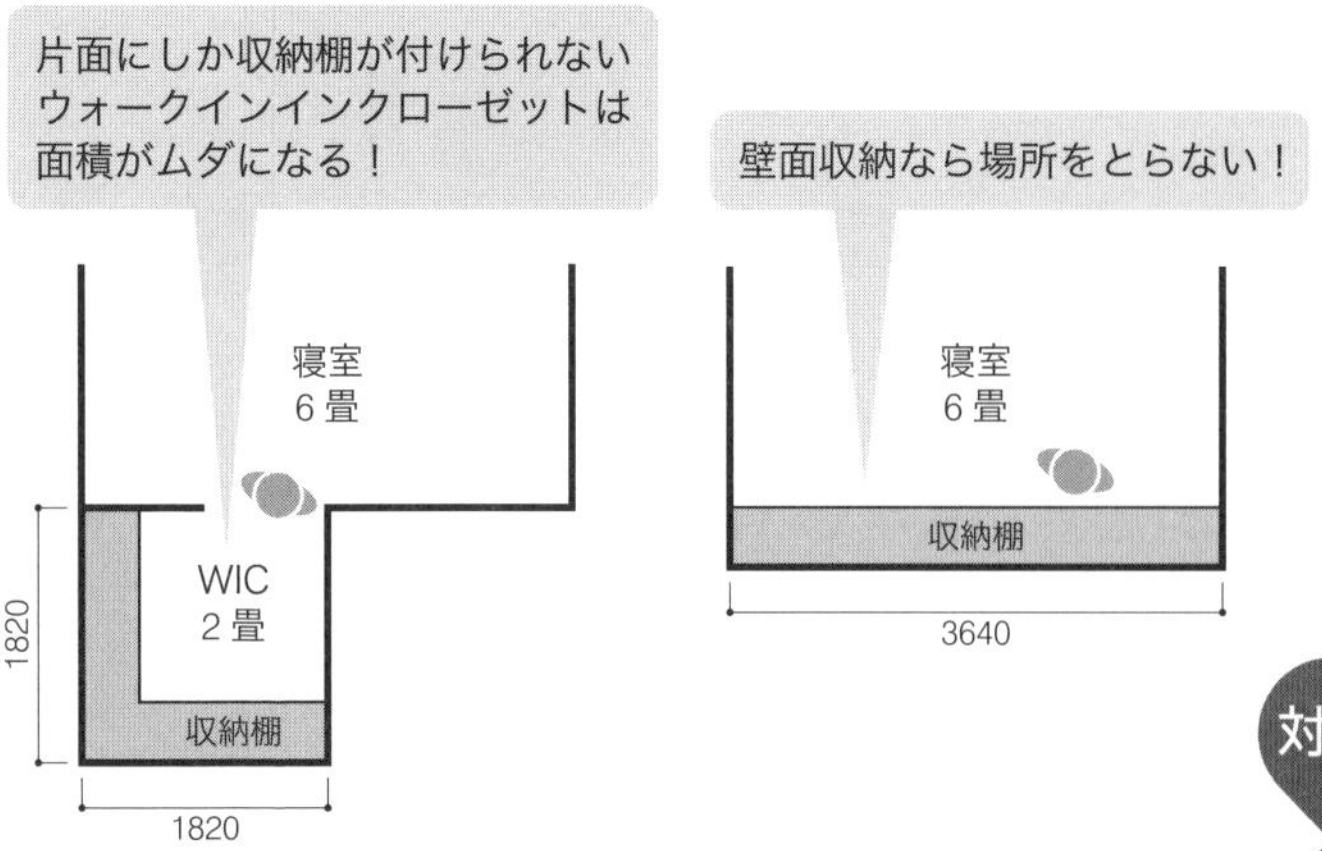

対策

の空間を確保しなくてはならないウォークインクローゼットは、左の図のように片面にしか収納棚が付けられないことがあります。そのようなウォークインクローゼットとなる場合、**面積の無駄**になるケースが非常に多いです。ですが、お客様の中には「何がなんでもウォークインクローゼットがほしい」**「ウォークインにすれば収納量が増やせる」**といった思い込みをされている方も少なくありません。決してそうではないので、思い込みを否定してあげることで、より有効なスペースの使い方を提案できます。

この場合、同じ面積を使うなら、右の図のように**壁面収納**にするのがオススメです。それによって無駄な通路がなくなり、面積を有効活用できます。ポイントは「収納棚をどれくらい設けられるか」です。こうしたことをわかりやすく説明できると、プロとしての信頼度がアップすることは間違いありません。

ちなみに私どもアミーゴでは、お客様に収納棚やハンガーパイプの長さを明確に理解していただくために、無料で「収納・家電リスト」というツールを提供し、お客様ごとに今現在の収納量を数字化していただいています。弊社のホームページから無料でダウンロードできますので、ぜひご活用ください（http://amigo1985.com/karte/）。

〈事例③〉洗濯機と物干し場が遠い
動線を工夫する＆浴室乾燥機の提案もアリ

奥様の多くが特に気にされるのが、家事動線です。「**洗面所**と**物干し場**が遠いと家事動線が悪くなる」とよく言われますが、どちらかと言うと、洗面所というよりは**洗濯機**だと思います。洗濯機と物干し場が遠いと、家事動線が悪くなります。

間取りを考えている段階では、お客様側も「階段の上り下りは構わないよ」などと考えがちですが、やはり家事は毎日のことです。毎日階段を上り下りして洗濯物を運ぶとなると非常に面倒です。実際、引き渡し後に「もう少し考えれば良かった」と後悔したといったご意見をよくいただきます。

対策方法としては、当然と言えば当然ですが、洗濯機のある場所と物干し場を同じ階にすることです。また、考えようによっては**「洗濯機のある場所＝洗面所」である必要もない**と思います。洗面所にはランドリーバスケットを置いておき、洗濯する際にそのランドリーバスケットを洗濯機まで運ぶようにすれば、洗濯物は水に濡れていない状態なのでそれほど苦にはなりません。そして、洗濯が済んだら、水に濡れた重い洗濯物を持って、近くの物干し場に運ぶ。そのような動線なら、日々の負荷が減らせます。

もう1つは、室内に洗濯物を干せるスペースを設けておくことです。あるいは、**ガス乾燥機**や**浴室乾燥機**を提案するのも一案です。乾燥機についても、100ボルトの電気式ではなかなか乾かないので、200ボルトの電気式あるいはガス式をおすすめするといった提案も、ご存知ないお客様には喜ばれると思います。

〈事例④〉玄関ドアが道路から丸見え
目隠しの壁をつくるか、ドアの位置を工夫する

近年は、ごく親しい間柄の相手しか自宅に招かないといった方が多く、**家の中を人に見られることへのアレルギー反応**が強い方が増えています。
玄関ドアが道路面から丸見えの位置に設置されていると、ドアを開けたときに玄関の内部が道路から見えてしまい、整理整頓ができていない室内を見ず知らずの人に見せるのは避けたいというようなご要望は多いです。
また近年は、昔では考えられないような凶悪な犯罪も増えていますので、**防犯対策**としても玄

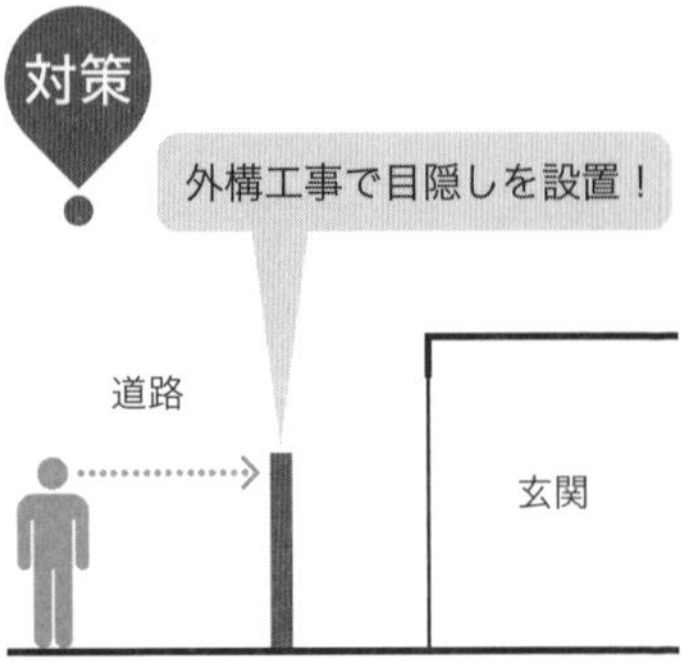

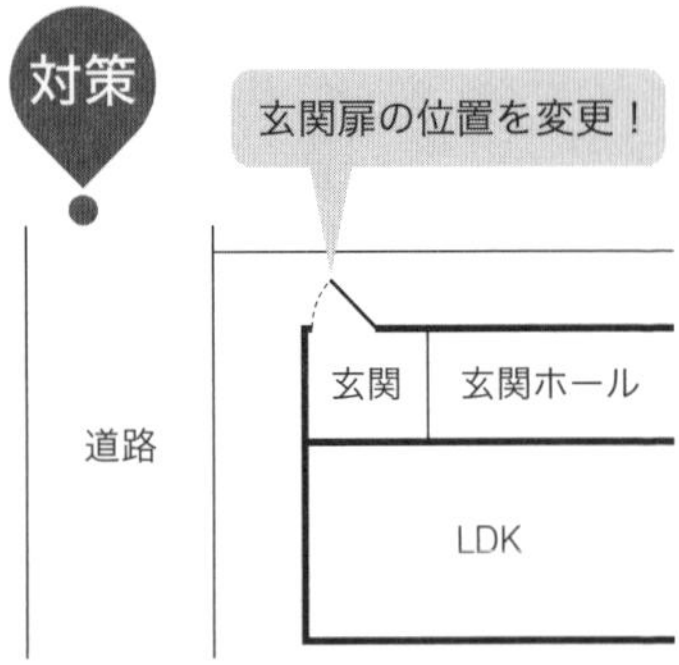

関ドアから室内が見えることを嫌う人も増えています。

対策としては、上の図のように外構の工事で目隠しの併用を行うことがオススメです。しかし、「それでは費用がかかるので、間取り上で変更したい」というお客様もいます。そうした方に対しては、玄関扉を道路側ではない場所に設置する方法も提案できます。

下の図のように玄関の中が隣の住民に見えてしまう可能性はありますが、道路を通る不特定多数の人に見られてしまうことに比べれば、抵抗感は軽減できるのではないでしょうか。

〈事例⑤〉脱衣所のない洗面所
父親が年頃の娘さんから嫌われないように

続いて、ご主人からいただくご意見に多いのは、**洗面所**に関するお悩みです。

多くの洗面所は廊下からすぐ入れるタイプが一般的だと思うのですが、年頃のお嬢様のいるご家庭では、お嬢様がその洗面所を使っている間、父親が歯も磨けなければヒゲも剃れないといった事態がよく起こります。**仕方なくトイレの小さな洗面スペースで歯を磨いている**なんて方もおられます。

これもやはり毎日のことですので、父と娘、互いにストレスなく過ごせるよう**脱衣所**を設けておくのも1つの考えです。今現在、お嬢様のいるご家庭はもちろん、現状ではお子様のいないご家庭の施主様にも、将来女の子が生まれる可能性を見越して、このような提案をしてみてください。

ですが、狭小住宅の場合には、脱衣所を設けることは難しいかもしれません。その際には洗面所に鍵を付けるといいと思います。鍵をかけたことが表示窓から確認できる「**表示錠**」にすると、中に人がいるかどうかがわかりますので、扉越しに「あのさ、お父さん今から歯を磨きたいんだけど」「わかった。じゃあ、すぐお風呂に入ってしまうね」といった会話ができます。これでいつまでも待たされるといったストレスが軽減できるのではないでしょうか。

ちなみに、近年はウイルス対策により手を洗う機会が増えたことから、夫婦用の洗面スペースを主寝室や廊下の一部に設ける人も増えています。プロである皆さんからしたら当たり前のように思えるこうした情報も、お客様にとって有効なヒントとなる可能性が大きいです。

〈事例⑥〉1階の子供部屋
LDK内の階段を通って自室に行く動線がオススメ

「**子供部屋**を1階につくりたくない」というご要望は、ご夫婦のどちら側からも本当によくいただきます。

1階の玄関近くに子供部屋があると、お子様が学校や外出先から帰ってきて、そのまま自室へ直行しやすくなります。そうすると「おかえり。今日学校どうだった？」といった会話をできる機会が失われてしまいます。

さらに、こうしたご要望を出されるご両親の中には「子供が年頃になると、夜、部屋から抜け出して遊びに行ってしまうのでは？　**何か悪い遊びするんじゃないの？**」と心配されている方も少なくないようです。

こうした声に対しては、あまりにも当たり前ではありますが、**子供部屋を上の階**につくることが対応策になります。さらに、最近はそうした間取りが増えましたが、**LDKを通って子供部屋にアプローチ**できるような動線計画にしておけば、お子様とのコミュニケーションを円滑にしやすくなります。

というのも、たとえ上の階に子供部屋を置いたとしても、玄関から階段を経由して自室へ直行できる間取りだと、親子の会話が生まれません。そこで、階段をＬＤＫ内に置き、そこを通って部屋に行く間取りにしておけば、子供が帰宅したときには「おかえり」、朝起きたときには「おはよう」というあいさつを交わすことになり、コミュニケーションが生まれるきっかけになります。

私も親になってみて初めてわかりましたが、子供の顔を見ると「何か悩んでるのかな？」「落ち込んでるかも？」といった具合に、その日のコンディションが何となくわかります。親としては、やはり顔を見て判断したい。また、親子間だけではなくて、夫婦間もそうではないでしょうか。ご主人が疲れていたら、奥様が悩んでいたら、声がかけやすくなるような動線計画を提案できれば、お客様の住まいへの満足度は高いままだと思います。

〈事例⑦〉水回りの下の寝室
音漏れを完全に防ぐのは無理！　避けるべし

洗面所や浴室、トイレなどの水回りの下に寝室があると、下の階に音が漏れます。特に、**木造**と**鉄骨造**の家の場合、どうしても音が漏れてしまうような構造・つくり方になってしまっているため、避けようがありません。**ＲＣ造**になると、壁や床がコンクリートで充填されている分、音自体は軽減されますが、水を使うときに大きな音を立てると、やはり音が漏れてしまいます。
近年は、在宅で仕事をするなど生活スタイルが大幅に変わっていますし、家族の間でもそれぞ

れの生活のリズムが異なることも少なくありません。

たとえば、ご主人が、付き合いたくもない飲み会を終えて、終電ギリギリで帰ってきたとします。家族が眠る寝室の上で、お風呂にザバーンと入れば、その水の音は下に漏れます。寝室に生まれたばかりのお子様と奥様が寝ていたとしたら、お子様はビックリして目を覚まし、奥様があやさねばならなくなります。結果、疲れを癒そうとお風呂に入ったご主人は怒られ、再度ストレスを溜めてしまう……といった具合に、**みんながストレス**を抱えかねません。そうした事態を避けるためにも、水回り関係の下に誰かの寝室を配置する場合には、必ずお客様に先の説明を行い理解してもらいましょう。

もし水回りの下にどうしても部屋を置かなければならない場合には、**LDK**だとか**玄関**、あるいは**収納**などを持ってくると音のストレスは軽減できます。水を使うと、どうしても音は響きますが、たとえばLDKでくつろいでいるときに水の音が聞こえたとしても、そこまでは気にならないはずです。

もちろん防音・吸音といった対策方法もありますが、間取りを工夫して解決できるなら、そうするほうがコスト管理もしやすくなり、お客様には喜んでいただけるでしょう。

お客様に説明をしないままに寝室の上に水回りがある間取りを作成し、お客様が住んでからクレームになったなんて実例もあるので、注意が必要です。

〈事例⑧〉玄関ドア入ってすぐトイレ
せめて洗面所を挟めば、気まずさを軽減できる

私たちの会社でもできる限り避けるように努めているのが、玄関ドアを入ってすぐにトイレが見える間取りです。昔の日本にはこの間取りが多かったです。この間取りは、個人的にも少し嫌です。皆さんもプロ目線で見たとき、**「チョッと古くさいな」**と思いませんか？

なかには「あまり気にならないよ」というお客様もいらっしゃいますが、そういった方々には、来客があったときのことを一度想像してみるよう勧めてください。たとえば、お子様のお友達が休日の朝早い時間に遊びに来たとします。「お邪魔します」と子供たちが入ってきたのと同時に、寝起きのご主人がパジャマのままトイレからガチャッと出てきたら……チョッと気まずくないですか？

「あそこにお手洗いがあるんだ」というのがもちろんわかりますし、トイレの中が丸見えになるのも恥ずかしい。それに、匂いも気になるじゃないですか……。ということで、近年に関しては、玄関から見える位置にトイレのドアを設けないスタイルが増えています。トイレのドア自体が玄関から見えなければ、ガチャッと開いたとしても「トイレに入っていたのかな」ということはわかりません。トイレのドアの位置を**玄関から直接見えない位置**に設置するのがポイントです。

間取り上、玄関スペースにどうしてもトイレを設けなければいけない場合には、玄関から見える位置には**小さな洗面室**を設け、その向こうのドアを開けてトイレがある間取りにするのがオススメです。そうすることで、ドアを開けたときに玄関から便器が丸見えになるといった状況を避けられます。

〈事例⑨〉外から中が丸見えの大きな窓
日差しがほしいなら、窓の位置を高くする手も

ＬＤＫの南側に大きな窓が付いているから、日当たり良好ですよ！　かつ、南側には道路があるので、日がバンバン入ってきますからね。道路に建物が建つことは絶対にないので、これからもずっと日当たりがいいままですよ。

間取りの打ち合わせの際に、そんな売り文句を使ったことはありませんか？　でも、よく考えてみたらわかることですが、道路側に大きな窓があることによって、**外からも丸見え**になってしまいます。

実際に住んでからそのことに気づいてしまったといったお客様も少なからずいらっしゃるのですが、**住んでみてからでは本当に遅い**です。結局、そうした家は万年シャッターやカーテンを閉めた状態となり、せっかく大きな窓を付けたのに、意味がなくなってしまい

ます。このような事態になれば、当然クレームや会社への不信感につながります。プロ側が事前に配慮して、お客様にそうなることを教えてあげてほしいところです。

しかし、お客様がどうしても道路側に大きな窓を付けて開放的にしたい、光をいっぱい入れたいとおっしゃることもあるかもしれません。その場合は、事例④のように外構工事で**目隠しの塀**を建てるのがベターです。しかし、その分外構工事のコストがかかります。そこで、間取りの中で対応策を提案するならば、次の2つの方法が考えられます。

1つ目は、間取りを「**中庭プラン**」にする方法です。お客様のご要望が「窓から庭が見たい」「外の景色を見たい」ということであれば、大きな窓を、中庭を見ることができる窓に変更してはどうでしょうか。

2つ目は、**高い位置に窓**を付けることで日の光を取り込む方法です。お客様の要望が「日差しを入れたい」ということであれば、大きな窓をつくることだけが対策方法ではありません。窓の取り付け方や位置を工夫することでも、要望を叶えることができます。

〈事例⑩〉ドアが1つのシューズインクローゼット
ウォークスルーにして、衛生面と動線を改善すべし

いよいよ残りあと3つです。個人的にイライラしてしまうのが「ドアが1つのシューズインク

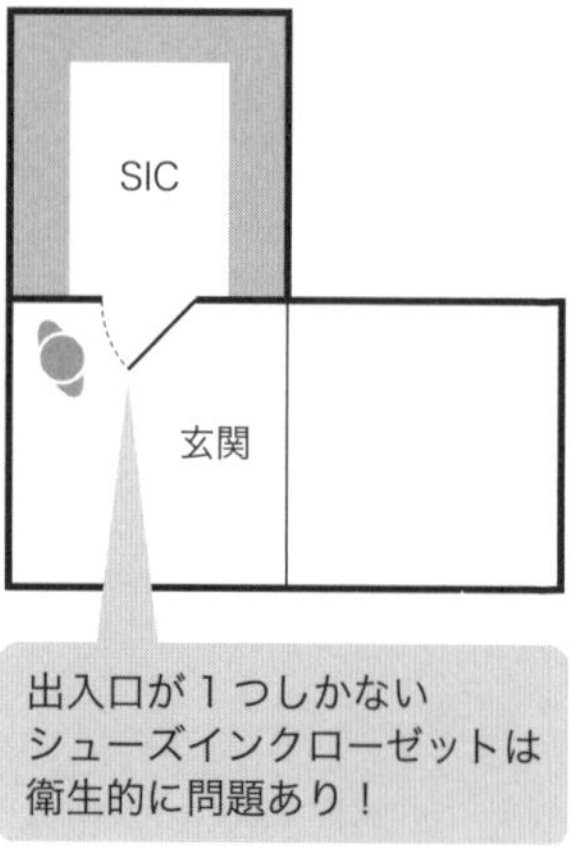
SIC
玄関
出入口が１つしかない
シューズインクローゼットは
衛生的に問題あり！

ローゼット（ＳＩＣ）」です。本当にこれはやめてほしい。どこが良くないかをお伝えしていきますので、まずは上の間取り図を見てください。

　帰宅した際、玄関土間とつながっているシューズインクローゼットには靴を履いた状態で入ることになります。ですが、そこには出入口が１つしかありません。履いていた靴を収めたあとに、スリッパに履き替えて室内に入るのか、はたまた裸足のまま室内に上がるのかはわかりませんが、いずれにしても玄関土間の土やほこりが室内に上がってくる可能性があります。つまり、**衛生上よろしくない動線**になっています。

　ただ、コンサルタントとしてお客様から見せていただく図面には、こういったタイプのシューズインクローゼットがよく登場します。そういうときは、生意気ながら「これじゃ**シューズインである意味はないですよ**」「玄関が全然美しく保てませんよ」といった話をさせていただいています。玄関に別途シューズボックスが置かれていて、シューズインクローゼットはベビーカーやアウトドア用品などを置く場所として使うというのなら、また話は別ですが……。

　シューズインクローゼットをどうしてもつくりたいというお客様には、玄関土間から入って、クローゼットの中で靴を脱ぎ、そこから玄関ホールにアプローチできるような、ドアの２つある

ウォークスルータイプをぜひご提案いただきたいです。これなら玄関もきれいに保てて、家族の動線も良くなります。

〈事例⑪〉キッチンの裏側が見える間取り
階段の位置や向きを変えればうまくいく

続いても、個人的には嫌な間取りです。まずは108ページの図をご覧ください。

この間取りを2階にあるLDKだと思ってください。1階から階段で上がった先が、キッチンになっています。すると、矢印で示すように、2階へ上がってくるなりキッチンの裏側、**シンクの中やガスコンロなどが丸見え**になっています。これには少々ゲンナリしてしまいます。

家づくりをされるとき、LDKにシッカリこだわるお客様は多いです。団らんの場であり食事の場でもあるLDKはデザイン的にも素晴らしく、気持ちのいい場所にしたい。そして、こだわりのあるキッチンをつくられるお客様も多いのですが、そのキッチンを常にキレイに保っておけるかというと、そういうわけにはいかない場合も多いのではないでしょうか。

たとえば、来客があった際の状況を想像していただきたいのですが、階段を上ってきて、クルッと回ったときにキッチンのシンクやコンロが見える。そこに洗い物や雑多なゴミなんかが置い

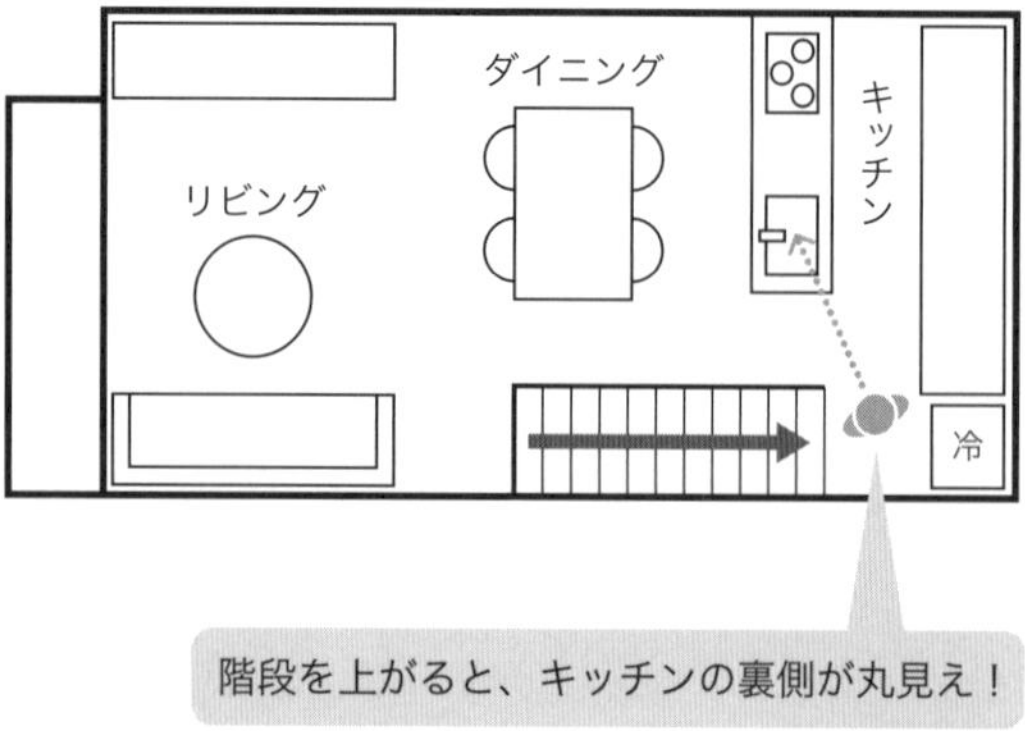

てあったりすると、それだけでせっかくのキッチンのデザインが損なわれます。生活感が出てしまう部分が見えてしまうのは、チョッと残念ですね。

来客のみならず、ご家族の場合もそうだと思います。疲れて「ただいま」と帰ってきたとき、雑多なキッチンが目に飛び込む。シンクに洗い物が溜まっている状態を見ることで、心がゲンナリする……。せっかく念願のマイホームを建てたのに、コレが毎日に続いたりすると悲しくなりませんか。

「キッチンを常に美しく保っていればいいじゃないか」と考える方もいるかもしれませんが、常にキッチンを美しく保っておくというのはなかなか大変なことかと思います。

では、そうならないための対策方法をお話しましょう。次ページの図をご覧ください。

階段を、キッチンと逆の向きに上がってくるように変えるだけです。間取りによってはできない場合もありますが、キッチンの裏側が見えるかどうかというのは日々のことになりますので、避けておくことで後々の住み心地が格段に良くなると思います。

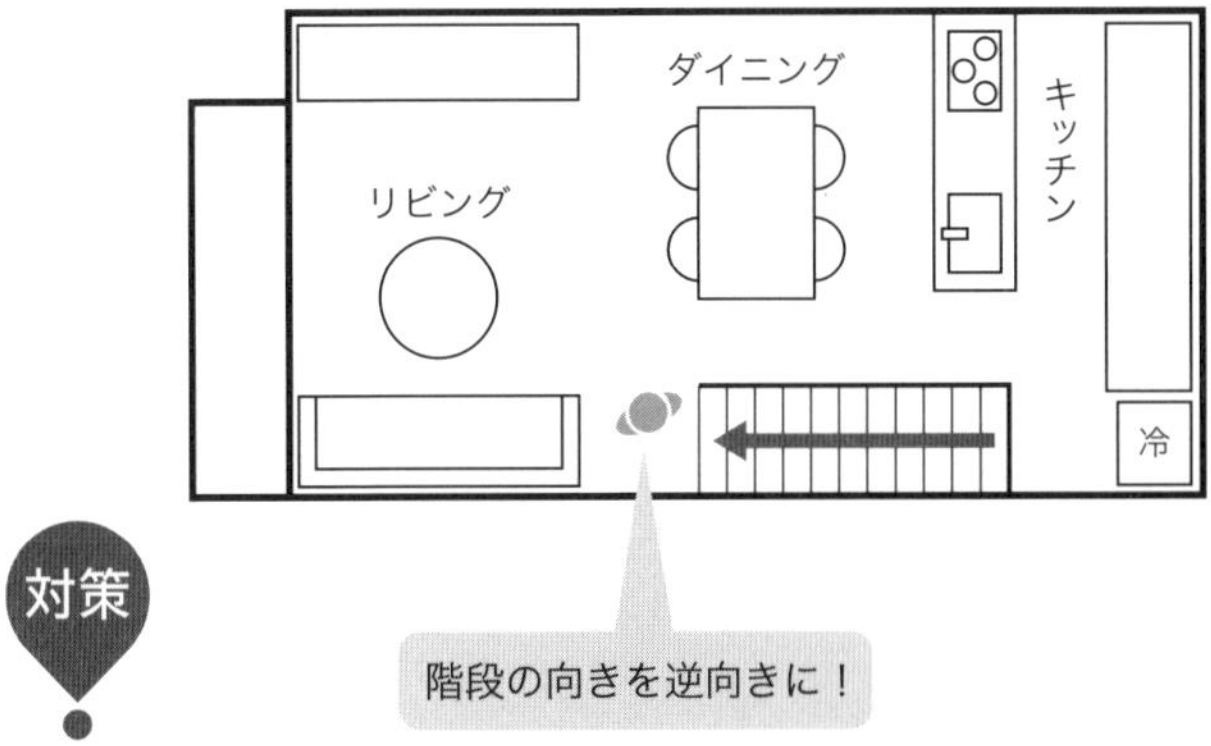

プロの皆さんなら「**プライバシー性のグラデーション**」という話を耳にしたことがあるのではないでしょうか。お客様を通すのであれば、玄関から入ってリビング、それからダイニングキッチンという動線になっているのが望ましいという話ですね。

当然、住む人にとっても同じことが言えます。帰ってきて玄関を開けて階段を上がってきたら、家族みんなのくつろぎの空間であるリビングへ、そこからダイニングに行って、それからキッチンという順番がやはり気持ちいいんです。いきなり雑多なキッチンを見ることになる動線計画は避けてほしいです。

間取り上どうしても変更できないということでしたら、キッチン前の**腰壁**を高めに設定してキッチン自体を隠すのも一案です。開放感はなくなりますが、私個人の感覚としては、キッチン自体が美しくていいものだったとしても、フルオープンになって洗い物などが残っているキッチンを見せるくらいなら、隠すという選択もアリではないかと思います。

〈事例⑫〉LDKから入るトイレ
同じ階に設けるなら「ドアを2つ」にすべし

最後に紹介するのは、私が個人的に最も嫌いな間取り、「LDKから入るトイレ」です。

ソファーでくつろいだり、食事をしたりしている空間の中に、**ドア1つ隔てたところにトイレ**があると、音を聞くだけでも嫌だと思いませんか？　逆にトイレを使用する側もそうだと思います。落ち着かないでしょうし、衛生管理上もあまりよろしくないでしょう。

家を建てる際、多くのお客様がLDKに強いこだわりを持ち、ゆったりと開放的で気持ちのいい空間にしたいと考えておられます。そうした空間でトイレがフルオープンで見えてしまうような状況が生まれると、**カナリ残念**になりますので、できる限り避けていただきたいところです。

対策としては、トイレをLDKと同じ階にしないのがベストだと思います。東京都内の狭小地で3階建ての家を建てるお客様に多いのですが、トイレを2カ所設けるのは贅沢だと2階のLDKにトイレを設置される方もいますが、それならば1階と3階に1カ所ずつ設けたいところです。

とはいえ、どうしてもLDK内にトイレを設置せざるを得ない場合には、**トイレの手前に洗面所**を設ければ、音漏れや匂いの問題も軽減でき、トイレを使用する側にとっても、LDKにいる

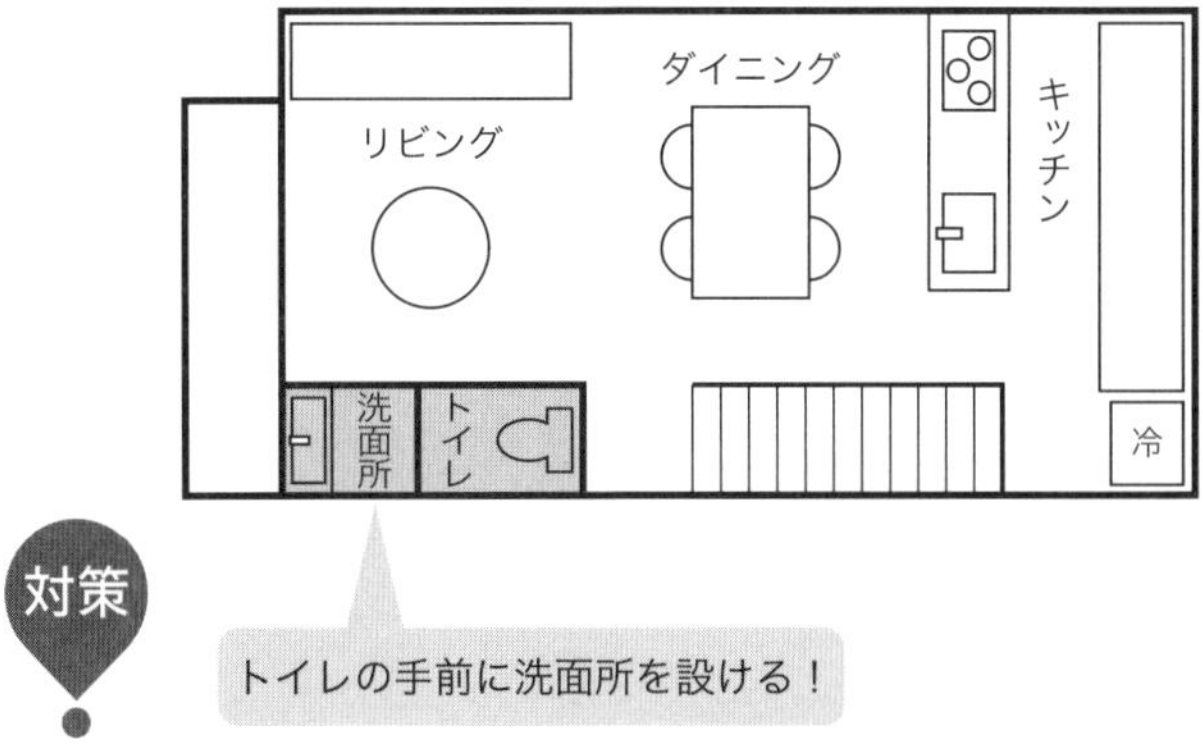

側にとってもストレスにはなりにくいと思います。

もう1つの対応策は、112ページの図のように階段の先にドアを付ける方法です。わかりやすく言ってしまえば、**廊下をつくる**方法です。

近年、LDKは階段も含めてドーンと、広々と開放感のある空間として見せるタイプに人気が集まっていますが、LDKにトイレがある場合、トイレのドアがLDKから見えてしまう点がネックになります。そのため、階段を上がったところにトイレを付けて、階段からLDKに入るところにドアを付ければ、LDKからトイレのドアは見えなくなります。先ほどの洗面の話と同じく、ドアを2つ開けることになるので、匂いや中が見える問題については解決できると思います。

ただし、階段部分に開き戸を付けることになるため、動線としては危険度が増すことが予想されます。そのあたりについてはお客様と話し合って決めることが重要ですので、忘れないようにしてください。

プロの方々には言うまでもありませんが、間取りはそう簡単には変えることができない重要なポイントなので、その作成に

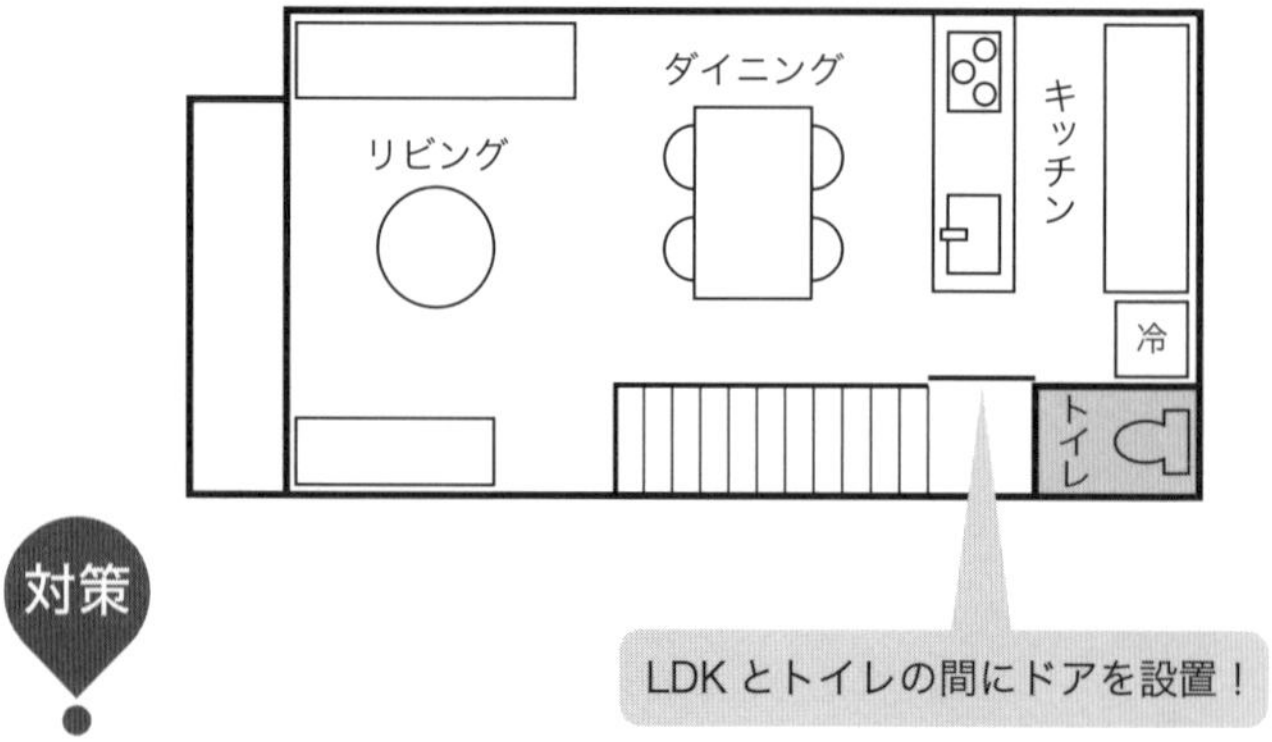

ついては慎重に進めることが大事です。間取りを失敗すると、後々の実施設計や金額の調整に加え、現場の管理でも調整がきかなくなってくる恐れが出てきます。したがって、施主側にとってデメリットがあるだけでなく、プロの皆さんの側にとってもトラブルの種を残すことにつながってしまいます。お客様の今後の暮らしを想像しながら、ベターな解を提案するように心がけましょう。

以上の事例紹介を通して、後々お客様から文句が出る間取りとはどんなものかとを心に留めていただき、長く住み続けても満足のいく間取りをお客様にご提案いただけたらと思います。

コンサル実例

「何だか納得できない」「魅力を感じない」……。そんな間取りを分析&改善

ここでは、私どもアミーゴが一般の施主様向けに行っている「間取りコンサル」の実例を紹介します。1章の「コンサル実例」(42ページ)でもお伝えした通り、間取りコンサルとは、お客様が他社で作成してもらった間取りに対して、第三者的な視点からご意見を伝えたり、お客様の要望を反映させた間取りになるようアドバイスを行ったりするサービスのことです。

ここでは実際にお客様から持ち込まれた間取りを用いながら、弊社でどのようなコンサルティングを行っているかをチョッピリ体感いただきたいと思います。そして、お客様の心をつかむ間取り作成の方法、平凡な間取りをより魅力的なものに進化させていく方法などを考えるヒントにしていただけると嬉しいです。

それでは、まずは114ページの図面をご覧ください。相談者のお客様が他社から提案された図面をトレースしたものです。

この図面に対して、お客様からは次のようなご相談・ご要望をいただきました。

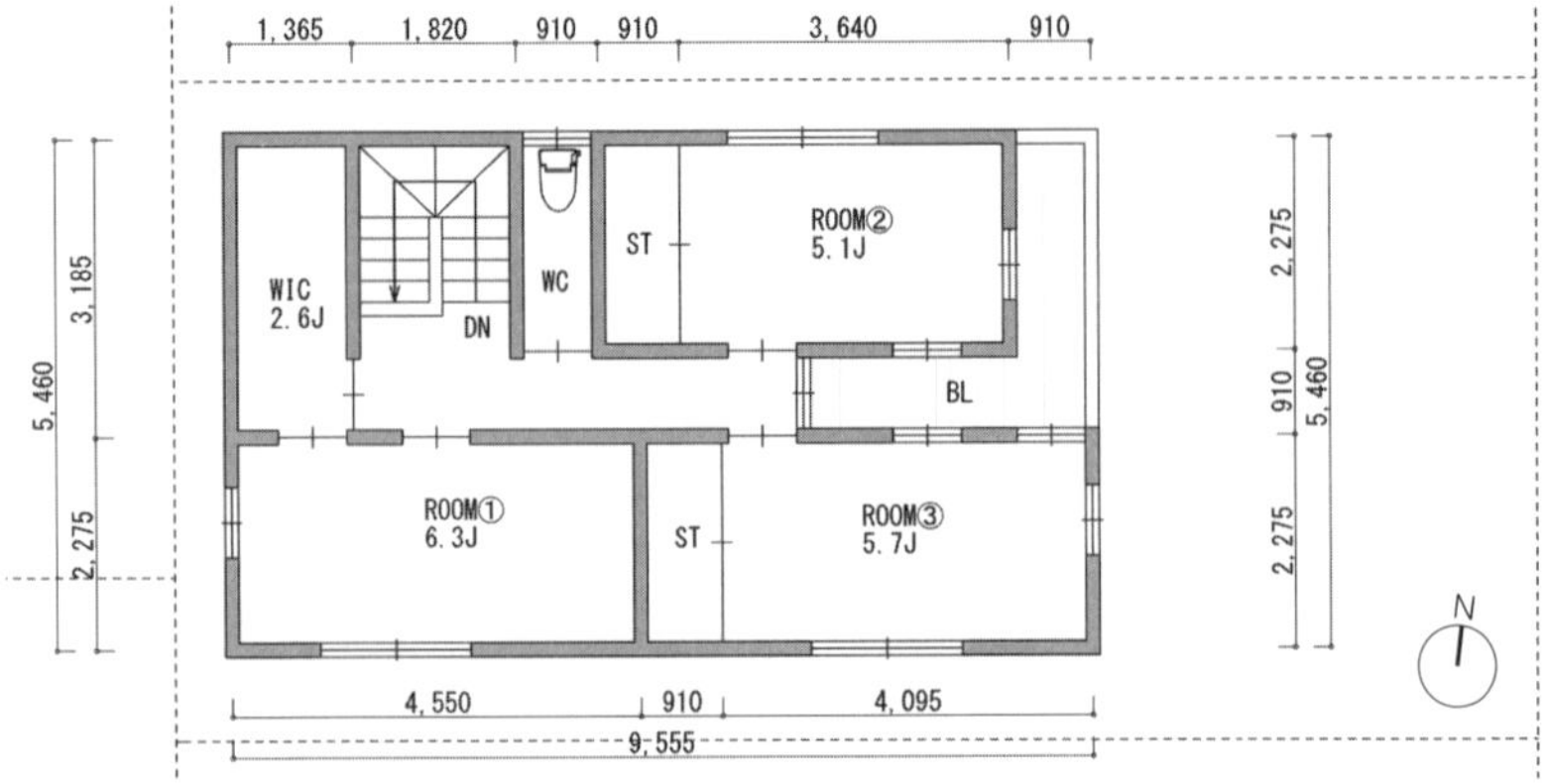

2階

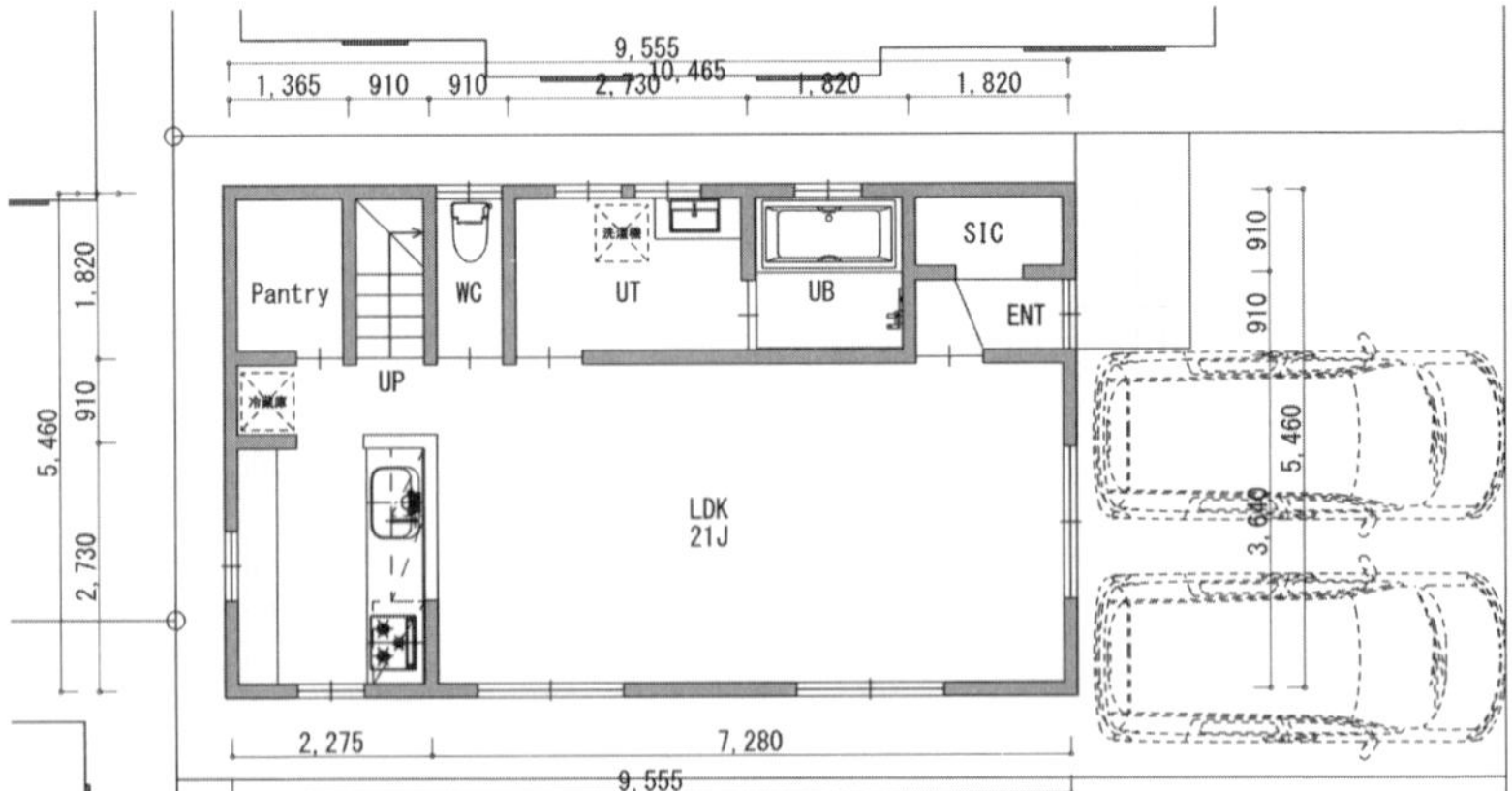

1階

何だか魅力を感じない間取りだな……
でも、どうすれば良いかわからない……

というお客様から相談を受けました

元の
間取り

①駐車場は1台分でもＯＫ
②玄関が狭い
③パントリーは要望していない
④洗面所を小さくしてもＯＫ
⑤日当たりは問題ない？
⑥何だか納得いかない
⑦魅力を感じない
⑧建物を大きく（予算アップはＯＫ）

間取りコンサルをしていてお客様からよくいただくのが、⑤の「ＬＤＫの日当たりは問題ないかどうか」という質問です。なおかつ、⑥⑦の「何だか納得できない」「魅力を感じない」というご相談も非常に多いです。とはいえ、どこが悪いからそのように感じるのかは自分ではわからないため、弊社にご相談くださるようです。

では、この間取りに対して、私どもがどの点をチェックさせていただいたかについてお伝えしていきます。

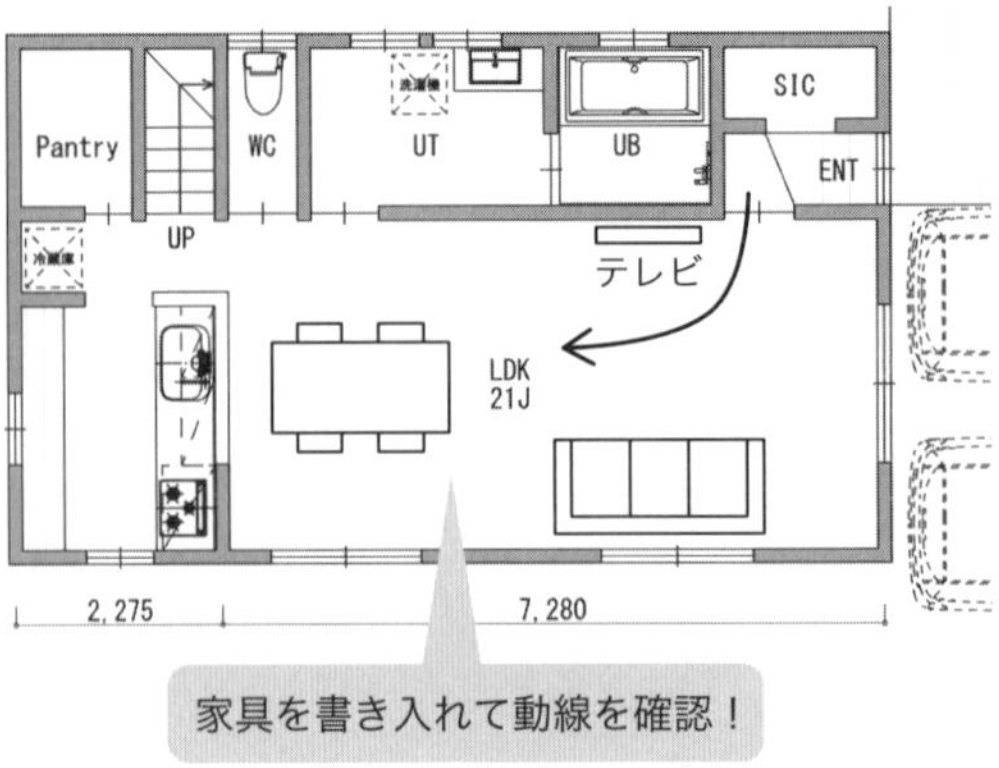

1階の間取りには、本章で紹介したNG項目が満載

1階の間取りについては、本章でお伝えした「後悔する間取り」の要素がカナリ含まれています。まずは玄関横の**シューズインクローゼット**。事例⑩（105ページ）でお伝えしたような出入口が1つしかないタイプのため、衛生的にあまりオススメできません。また、この間取りの場合、靴をしまう棚を出入口の左右に設けることになりますが、それだとあまり収納量がないことも問題だと思います。

またLDKの東側・道路側の窓は、「床から天井まで高さのある、かなり大きな窓」とのことでした。こちらも事例⑨（104ページ）でお伝えしたのと同じ、**道路からリビングが丸見え**になる、残念な窓になっています。

加えて、窓から見えるのが車のお尻だけというのも気持ちよくないですよね。ここも改善したいポイントです。LDK

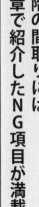

の位置については検討の余地があるかもしれません。

さらに、この間取りには家具の記載がなかったのですが、プロの皆さんにオススメしたいのは、間取りの提案を行う際には**家具を書き入れて動線を確認**することです。そこで、実際に家具を書き入れてみたのが右ページの図です。

図のように家具を配置した場合、帰宅して玄関から入ってきた人が、テレビの前を通っていく動線になっています。テレビを見ている人にとっては邪魔ですね。この動線が気になります。

もう1つ、事例⑫（110ページ）でお伝えした**トイレの位置**も難ありです。食事中にトイレを使う人がいたら、便器が丸見えになってしまいます。また、階段の位置も事例⑪（107ページ）で紹介した「階段から**シンクの中が丸見え状態**」になるパターンですね。この階段の位置も改善したいポイントです。

そのほかについては、お客様がご指摘の通り、洗面所が広すぎます。代わりに玄関をもう少し広くしたいところです。

2階の間取りでは、スペースをもう少しムダなく使いたい

2階の間取りについてもチェックしていきましょう。私が気になったのは、次の5点です。

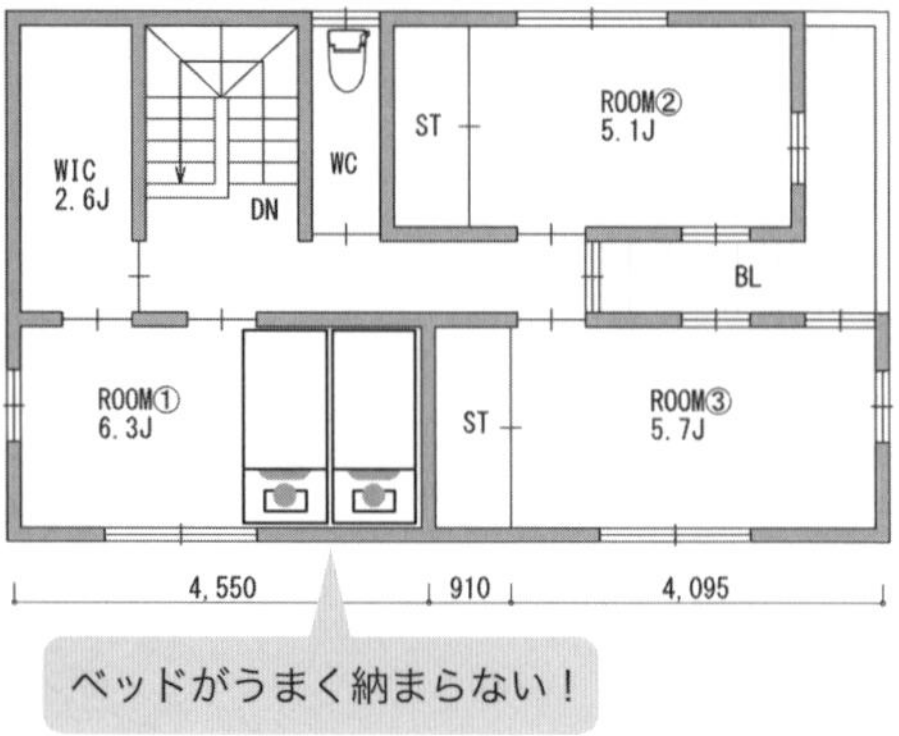

①廊下が長い
②バルコニーの形が使いづらい
③トイレの奥行きが長すぎる
④部屋の寸法（特に夫婦の寝室）
⑤ウォークインクローゼットの収納量

最後の2つ、④⑤について詳しく説明していきます。子供部屋として使う予定のROOM②とROOM③の収納の寸法が90cmになっていますが、これは押し入れの寸法です。近年はクローゼットタイプが主流なので、どちらも70cmで問題ないと思います。そうすることで、各部屋の面積を広くできます。

もう1つ気になったのが、夫婦の寝室になる予定のROOM①の寸法です。6・3畳なのですが、この部屋にシングルベッドを2つ置くとすると、上の図のようになります。

これでは、奥に寝ている人が起きようとすると手前側の人をまたがなければならず、あまりいい配置とは言えない気がします。2つのベッドを90度左に回転させたらいいのでは？と思うかもしれませんが、その場合、通路にするには狭すぎる中途半端なすき間ができてしまい、チョッと使いづらい寸法になっています。

こうした問題点が解決するように、３パターンの間取りを作成してみました。

〈プラン①〉元の間取りをベースにした案
間取りを変更し、問題点を改善

まずご覧いただくのは、先ほどの他社の間取りと同じ大きさ・形状で作成した間取り（120ページ）です。

１つ目のポイントは玄関です。玄関を広くして、シューズインクローゼットはウォークスルーにしました。

それから、道路側にはＬＤＫではなく**水回り**をまとめました。ＬＤＫの日当たりの問題については、ダイニング部分に**吹き抜け**を設けることで対処しています。併せて、２階の吹き抜けの横に廊下から出入りできるバルコニーを設けることで、このバルコニーから光が落ち、吹き抜けを介して１階のＬＤＫを明るくするという提案です。

一方で、ご相談に来られたお客様は、建物面積自体をもう少し大きくしてもいいとのことでしたので、別の間取りも提案してみました。それが次のプラン②です。

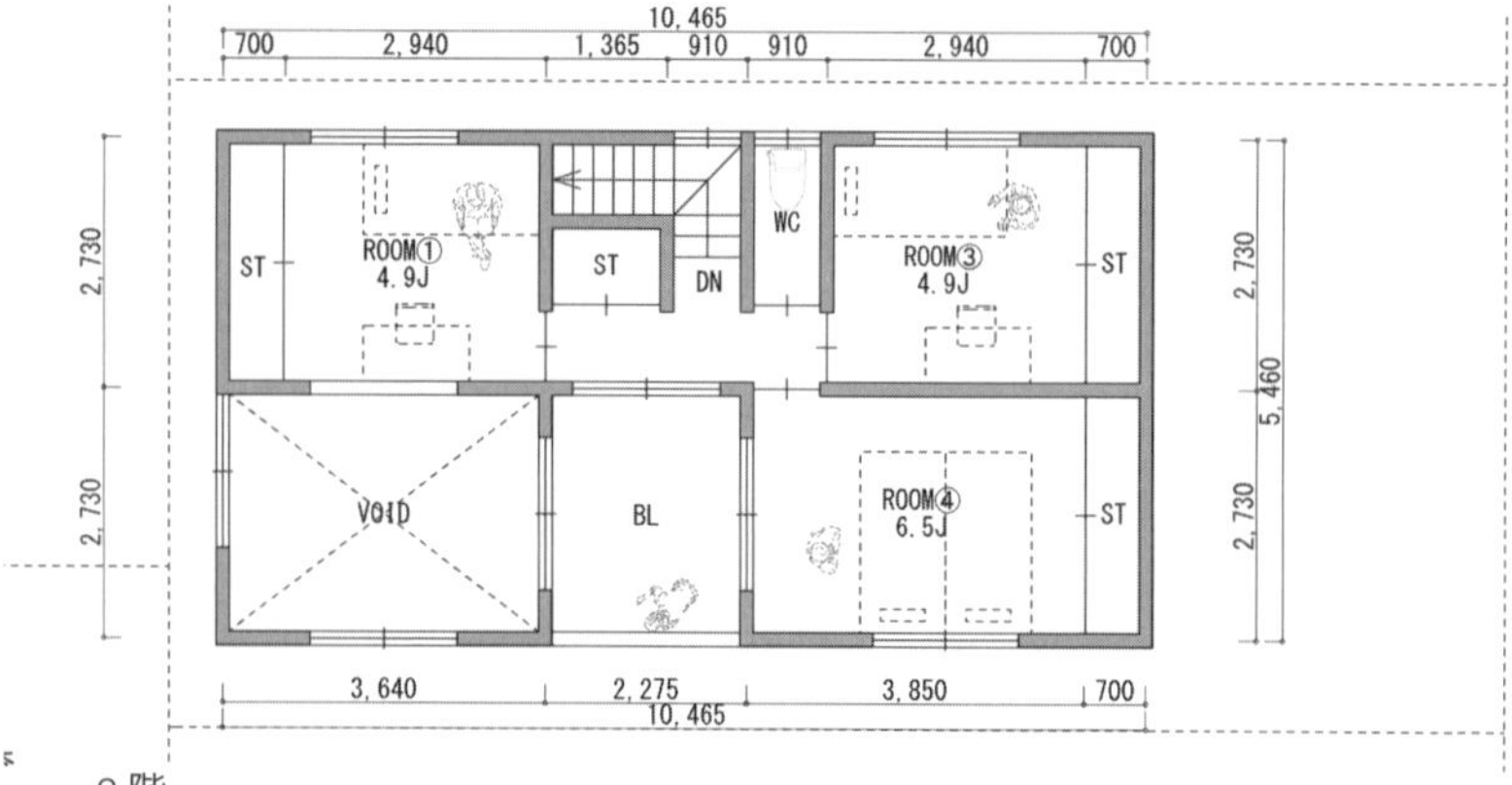

2階

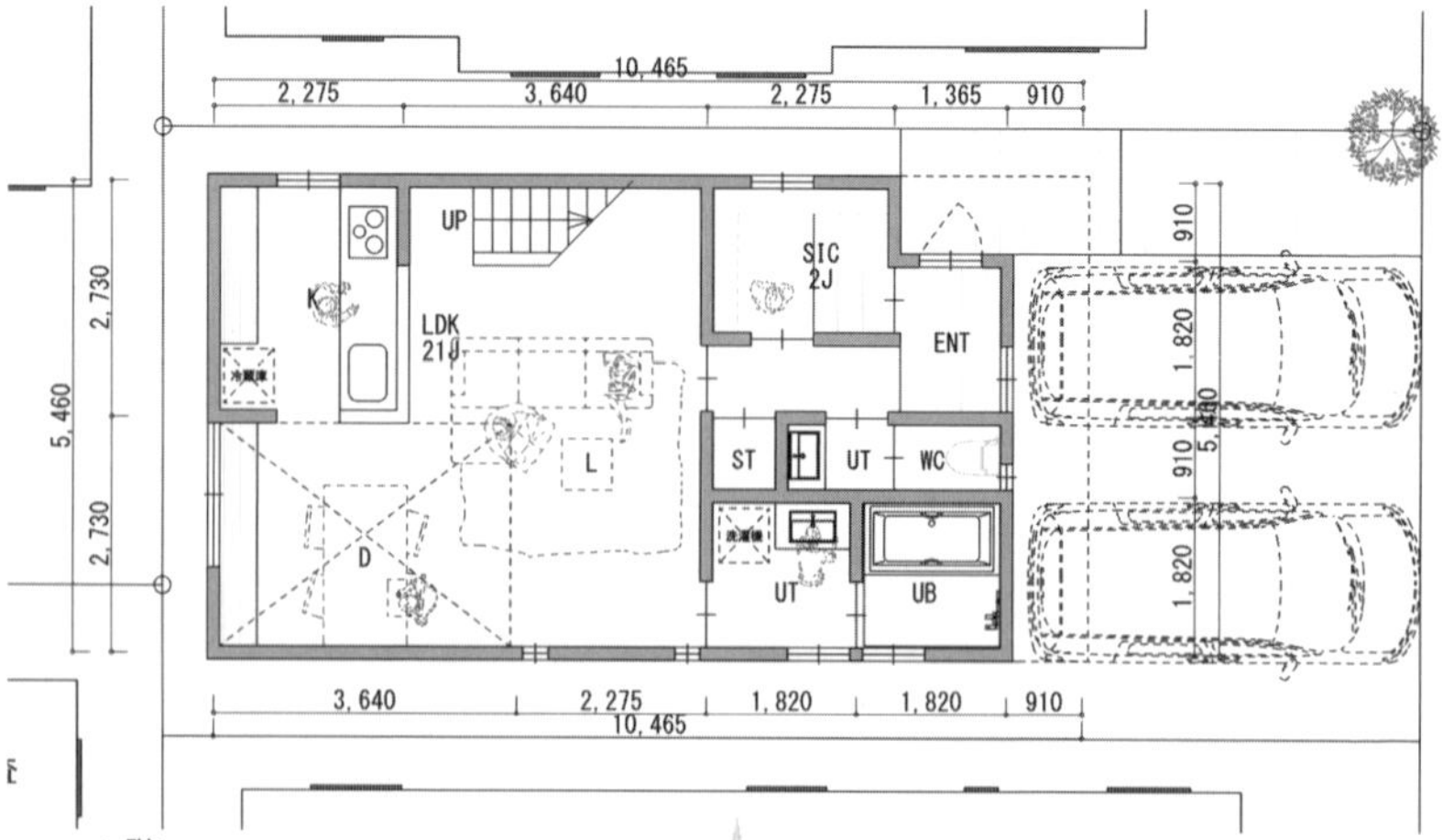

1階

元の間取りをベースに、以下の修正を加えました！

・玄関を広く
・シューズインクローゼットをウォークスルーに
・水回りを道路側に
・ダイニングに吹き抜けを設け、LDKの日当たりを確保
・2階にバルコニーを設け、各部屋のスペース配分を改善

プラン①

〈プラン②〉建物面積を広くした案
水回りを2階へ。開放的なLDKに

ということで、建物面積を大きくした2つ目のプランが122ページの図です。

玄関の上がり框《かまち》の面積を広くしているので、2人が同時に靴を脱ぎ履きできます。

加えて、駐車スペースは1台に。そして中庭を設けました。庭の上部が吹き抜けていなくてもLDKをかなり明るくできますが、吹き抜けさせることでさらに明るさが確保されます。

また、プラン①では1階に水回りがありましたが、水回りを2階に上げて、LDKがかなり広くなりました。実は畳数で見ればプラン①と②はさほど変わらないのですが、プラン②では中庭と一体的にしていることで、かなり広々とした空間が演出できていると思います。

しかし、コチラのプランでは面積が大きくなりすぎました。間取りの大きさは金額に響いてくるので、やみくもに大きくすればいいというわけではありません。お客様の予算の希望に合わせた間取りを作成するのもプロの仕事です。そこで、続くプラン③を作成して、面積をもう少し小さくした間取りにしました。

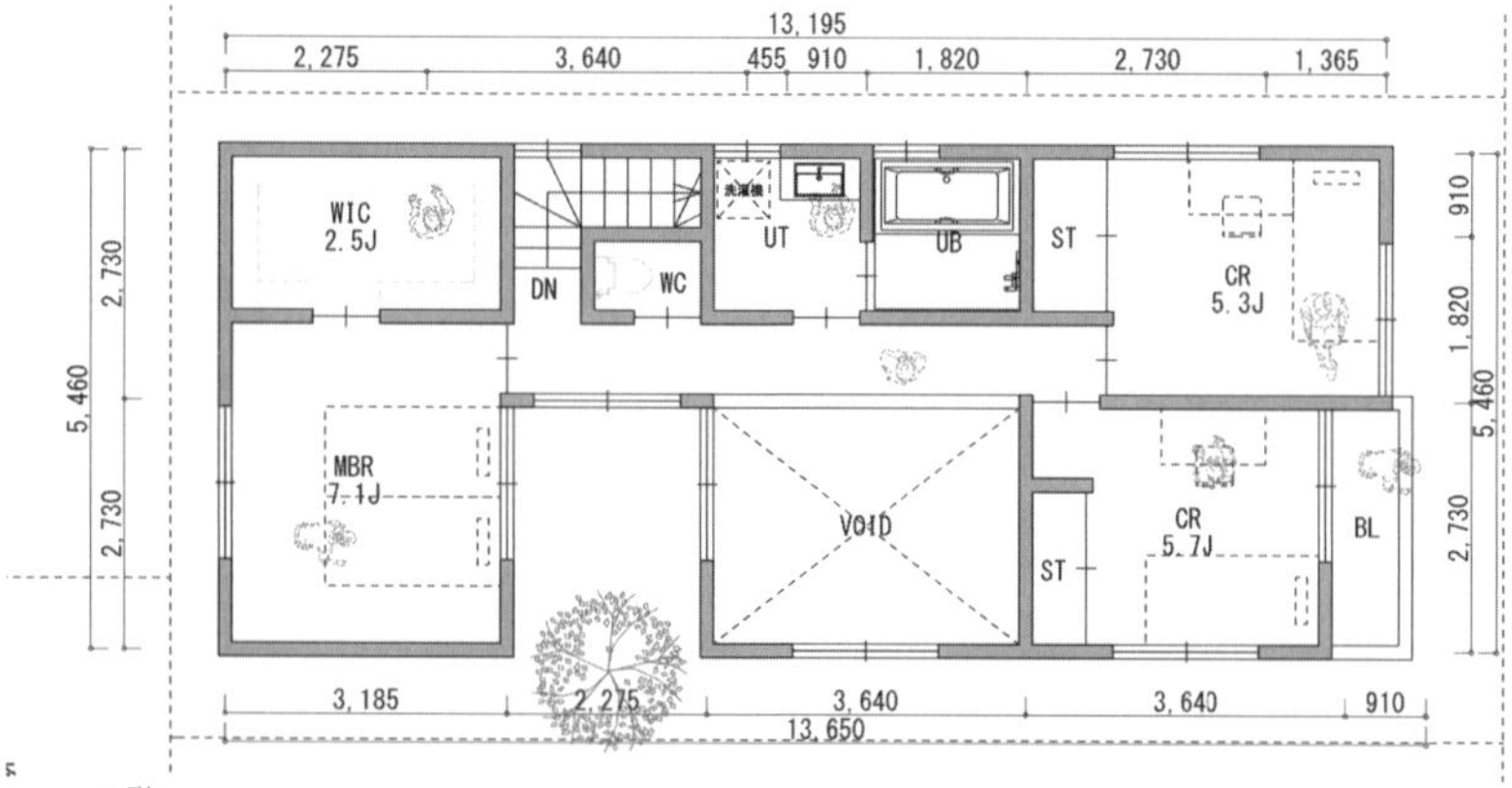

2階

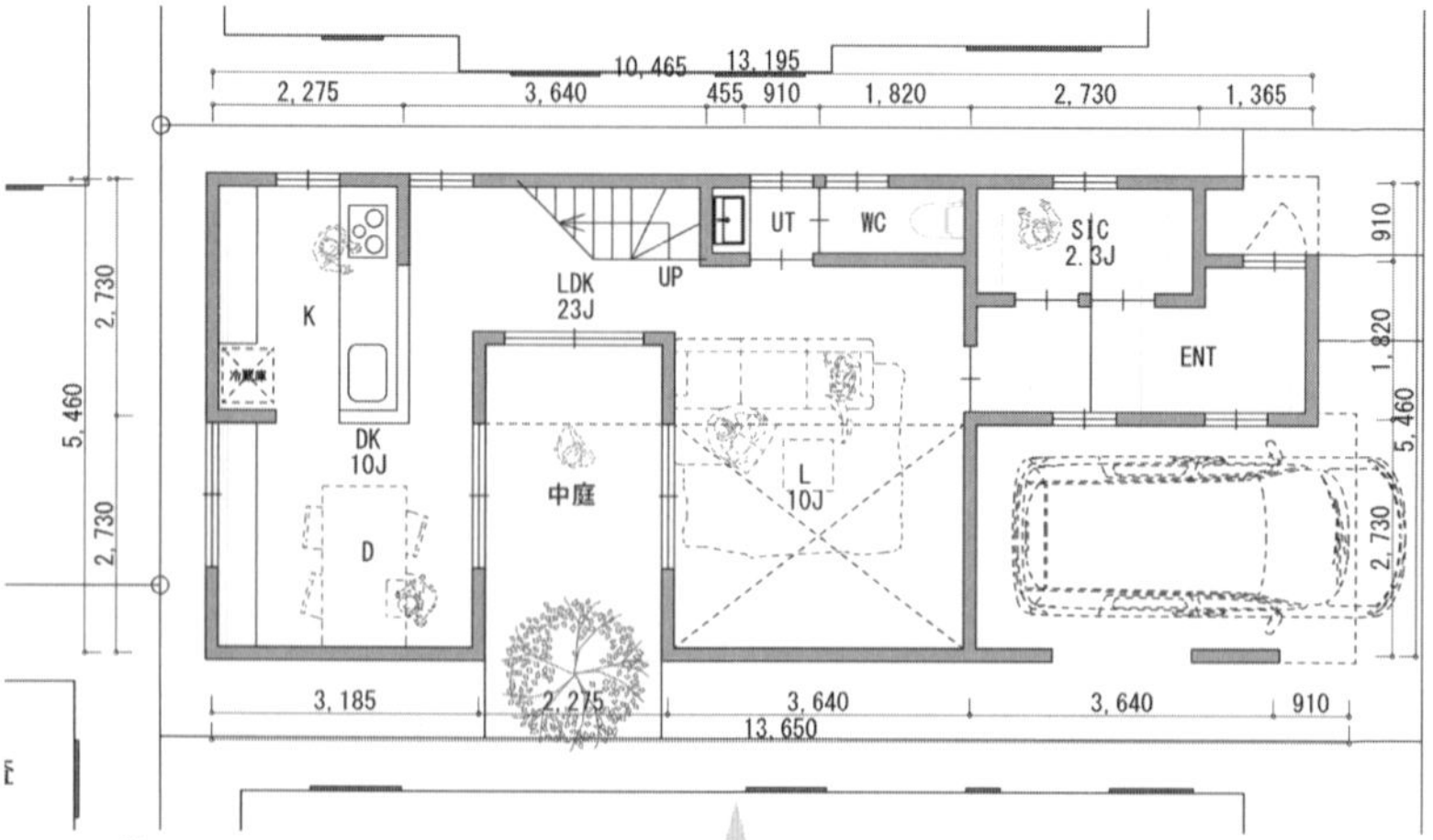

1階

建物面積をアップ、開放感が生まれました！

・玄関をプラン①よりさらに広く
・駐車スペースを1台分に減らし、中庭を設置
・水回りを2階へ、LDKを中庭と一体的に広く

ただし……
建物面積がアップした分、予算アップも避けられず……

プラン
②

〈プラン③〉建物面積を当初に近づけた案
プラン②のメリットは残し、魅力と使い勝手をアップ

ということで、作成した間取りが124ページの図です。

面積は、当初の他社の間取りよりも少し大きくなった程度なので、若干の増額でこの間取りにすることは可能だと思います。

チョッと遊んでみたのが、玄関の壁です。玄関の壁を斜めにすることで、玄関のドアを開けると、ガラス窓越しに**シンボルツリー**が見えるようにしました。この演出により、玄関が魅力的な空間になるかと思います。

また、2階にバルコニーを設けることで、洗濯物が干しやすい動線になりました。加えて、バルコニーに**廊下からアクセス**できるのもポイントです。誰かの部屋とつながっているバルコニーだと、部屋の中にいる人に気を遣いますよね。使い勝手がよく、オススメです。

このように、同じ土地・同じお客様であっても複数の間取りをつくることができます。そして、その中でどれをベストに選ぶかは、お客様次第です。1章でお伝えした方法でヒアリングをシッカリ行った人であれば、お客様の要望にフィットした良い間取りがつくれるはず。「別パターンもつくれないか」も併せて考えながら作業を進めてみてください。

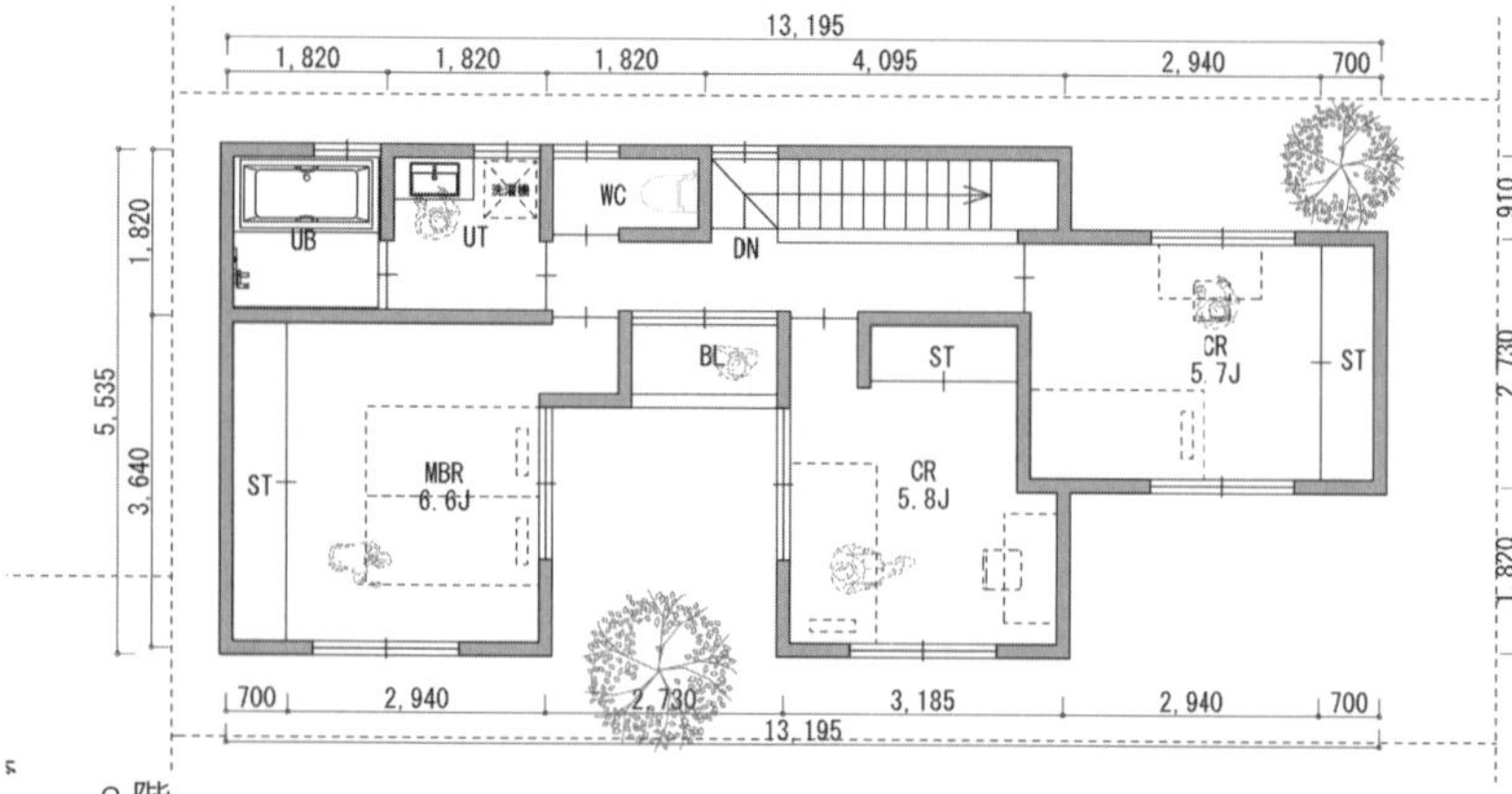

2階

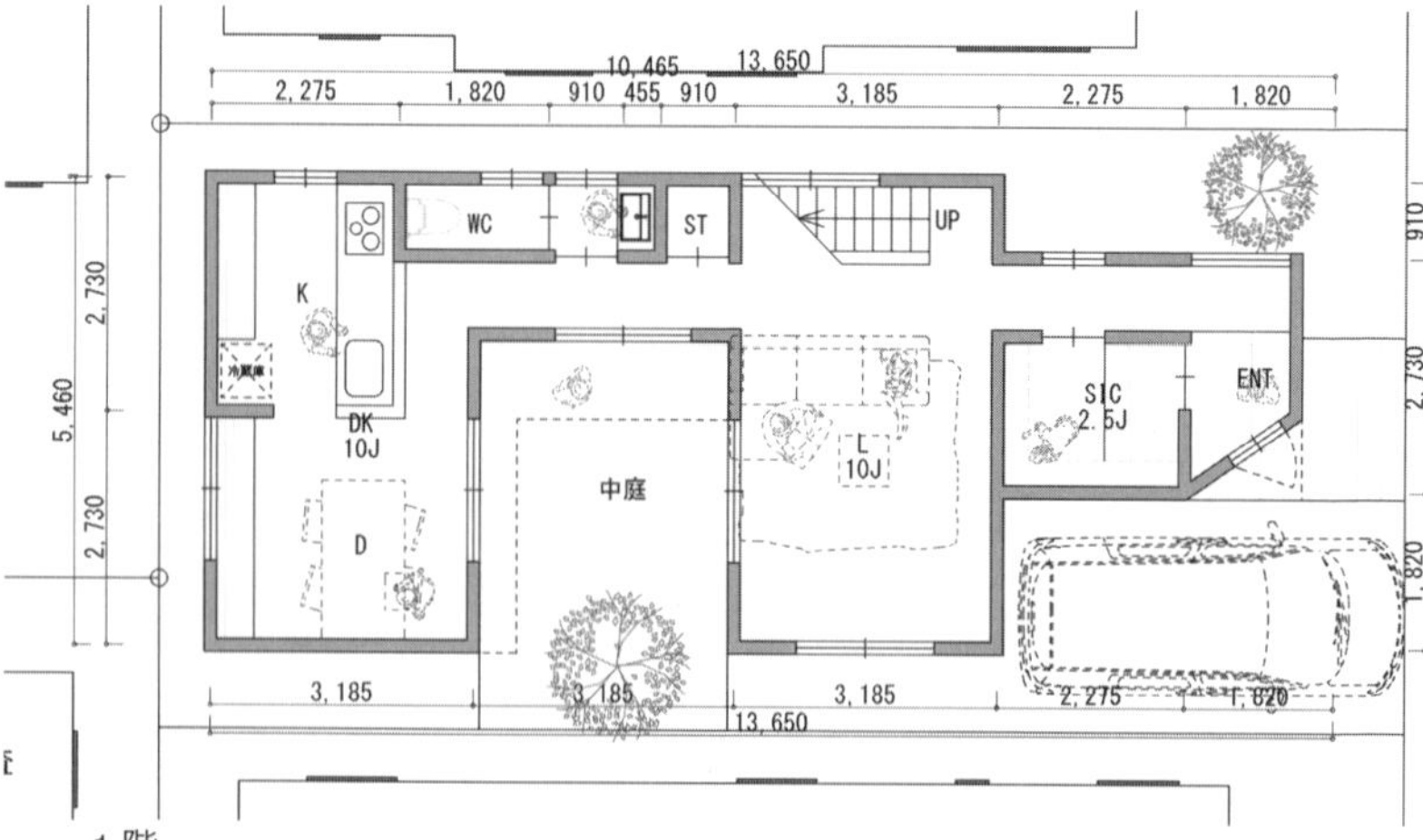

1階

完成！ 予算と魅力度がグッドバランスに！

・玄関の壁を斜めにして、魅力的な空間を演出
・2階に廊下から入れるバルコニーを設置

プラン③

実践演習

チョッとの工夫で差をつける外観デザイン。間取り作成と同時に進めよう

ところで、皆さんは**外観のデザイン**や立面図の作成をどのタイミングで行っていますか？「平面図ができてから、細かく考えていくよ」という方が多いのではないでしょうか。基本的にはそれでOKですが、オススメは**「間取り図と同時に作成」**することです。

理由は、間取りを決めてから外観のデザインに取りかかると、家の形が間取りに左右され、難易度が上がるからです。また、お客様が間取りに大満足されている場合には、そこから外観のために間取りを変えたくないと思われることも多々あります。そうなると外観は二の次となってしまいます。ですが、家の外観は、会社の人気や評判を左右する重要なポイントでもあります。ですので、顧客獲得のためにも頑張っておきたいところです。

わかってるよ！ 同時にやってるよ！という方は多いのですが、本当にそうでしょうか？ 間取りと一緒に、窓のデザイン、雨樋やベントキャップの位置、外観のコンセプトや全体のバランスなども考えているでしょうか？ 少しでもドキッとした人は、ぜひこのまま読み進めてくださいね。

普通の2階建て住宅の外観デザインを段階的にランクアップ

では、ここからは実例をもとに外観の組み立て方をお伝えしていきます。加えて、２章で紹介した「**デザインの言語化**」についても同時に伝授します。

皆さんの会社や地域によって、お客様が希望される建物の大きさ・階数・デザインなどは様々だと思いますが、ここでは128ページの上の図のような日本で最も多い２階建ての建物で解説します。

道路側から見える最も重要な外観だと思ってください。このような解説の場合、「３Ｄパース」を使うことが多いですが、皆さんもご存知の通り、３Ｄパースは「実物とは異なる表現」ができてしまうこともありますよね。素材のデータを入力したとしても、実際に建った建物では日の当たり方が違っていて、３Ｄパースと実物で色合いが異なる……といったことはよく起こります。さらに内観パースの場合だと、実際の建物よりも広く見えてしまったり、画像の明るさが調整できるため実物に比べて室内が明るく見えたりするのも、よくあることです。というわけで、ここでは立面図を使って解説していきます。

また、この外観は次に挙げる４つの条件を満たしながらデザインするものとします。全国各地で目にする一般的な外観と言っていいでしょう。

①総2階建て＋屋根付き車庫
②1階にLDKがあり、道路側が南のため、大きな窓を設ける（お客様の希望）
③2階の主寝室から出られるバルコニーを設ける（お客様の希望）
④木造在来住宅

ではここからは、この外観デザインをより洗練させてグレードアップしていく方法を段階的にお伝えしていきます。

〈ワザ①〉ライン合わせ
窓やドアの直線をそろえると美しく見える

「ライン合わせ」という言葉を聞いたことがあるプロの方は多いと思います。たとえば窓や戸の縦または横のラインをそろえるデザイン技法のことです。ちなみに、このライン合わせには、何をどのように合わせればいいかに関して厳密な決まりやルールはありません。今回は窓のラインを合わせてみました。128ページの下の図をご覧ください。

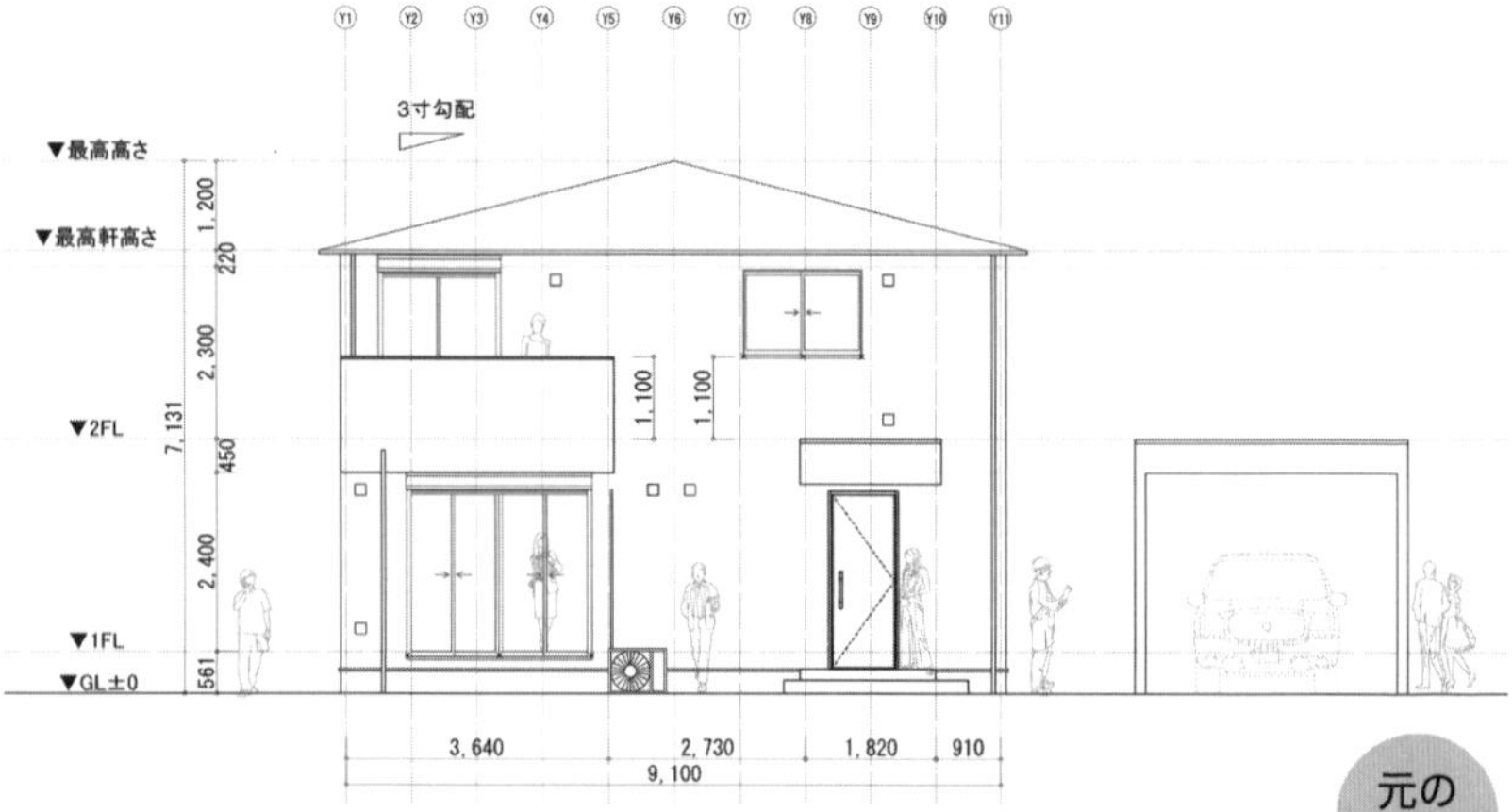
Y1 Y2 Y3 Y4 Y5 Y6 Y7 Y8 Y9 Y10 Y11
3寸勾配
▼最高高さ
▼最高軒高さ
▼2FL
▼1FL
▼GL±0
1, 200
220
2, 300
7, 131
450
2, 400
561
1, 100
1, 100
3, 640
2, 730
1, 820
910
9, 100

元の立面図

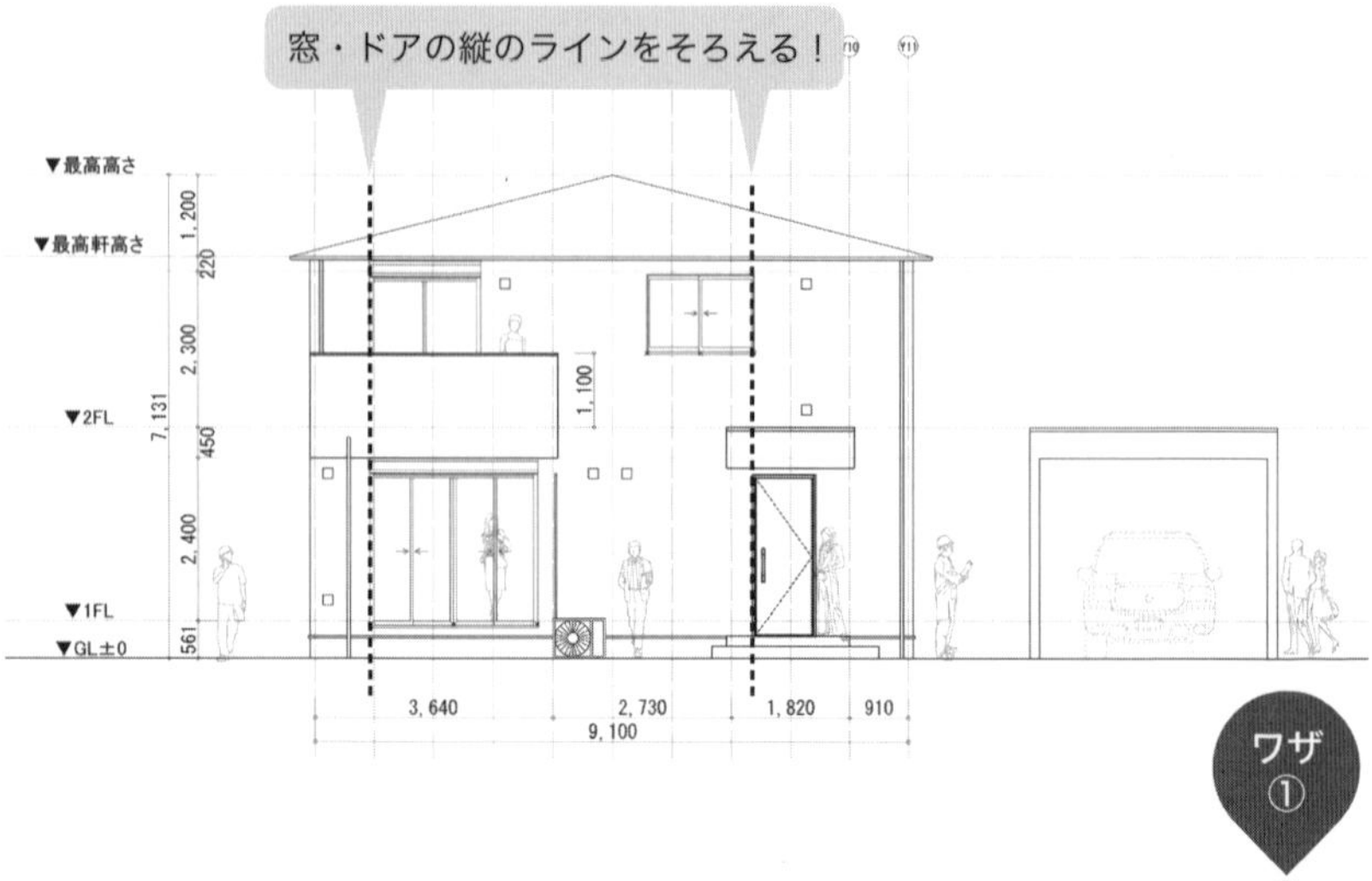
窓・ドアの縦のラインをそろえる！
Y10 Y11
▼最高高さ
▼最高軒高さ
▼2FL
▼1FL
▼GL±0
1, 200
220
2, 300
7, 131
450
2, 400
561
1, 100
3, 640
2, 730
1, 820
910
9, 100

ワザ①

バラバラに配置されていた窓や玄関ドアの縦の線をそろえたことで、すっきり美しく見えますね。**え？ 全然美しく見えないって？** まだまだ序盤ですので、ココからドンドン美しくなりますよ！ もう少しお付き合いくださいね。

ちなみに、このようにライン合わせを使って外観をデザインした際に「デザインの言語化」を行うと、次のように説明することで話に説得力を持たせることができます。

〈デザインの言語化〉

人間はそろっている物体を無意識につなげて見る傾向があります。つまり、勝手にラインを意識してしまうんです。その結果、ごちゃごちゃに配置されたものよりも、キチンとそろったものを「意味がある」デザインだと無意識に感じ取ります。そのため、きちんとライン合わせのされたデザインを見ると、結果的に美しいデザインとして認識するのです。

いかがですか？ ライン合わせをしたデザインの図面をお客様に見せる際には、このようなデザインの言語化を駆使して説明してください。お客様の納得感が一気に高まるはずです！ 続けて、次の段階に進みましょう。

〈ワザ②〉遠近感と凹凸をつける
立体感を増して魅力をアップ

再び、128ページの上の図をご覧ください。この建物では、バルコニーが前面道路に向かって跳ね出していますが、このような外観は日本中でよく見かけますね。そこで、立体感が増すようにアレンジしたのが左ページの上の図です。ポイントとしては、「玄関のボリュームを前面に突き出す」「バルコニーを2方向に跳ね出す」の2点です。**遠近感と凹凸**をつけると、建物がより魅力的に見えます。このデザインを言語化すると、次のようになります。

〈デザインの言語化〉
人は遠近感や凹凸があるモノを魅力的と認識する傾向があるのです。

例としてわかりやすいのが、人の「顔」です。もちろん好みにもよるとは思いますが、男女とも、鼻が高く彫りが深く、凹凸感のある顔が魅力的であると世界的に言われていますし、「ライン合わせ」と同様、均整の取れた顔立ちは美しいと認識される傾向があります。美しくカッコいい俳優さんを思い浮かべていただくと、納得していただけるのではないでしょうか。

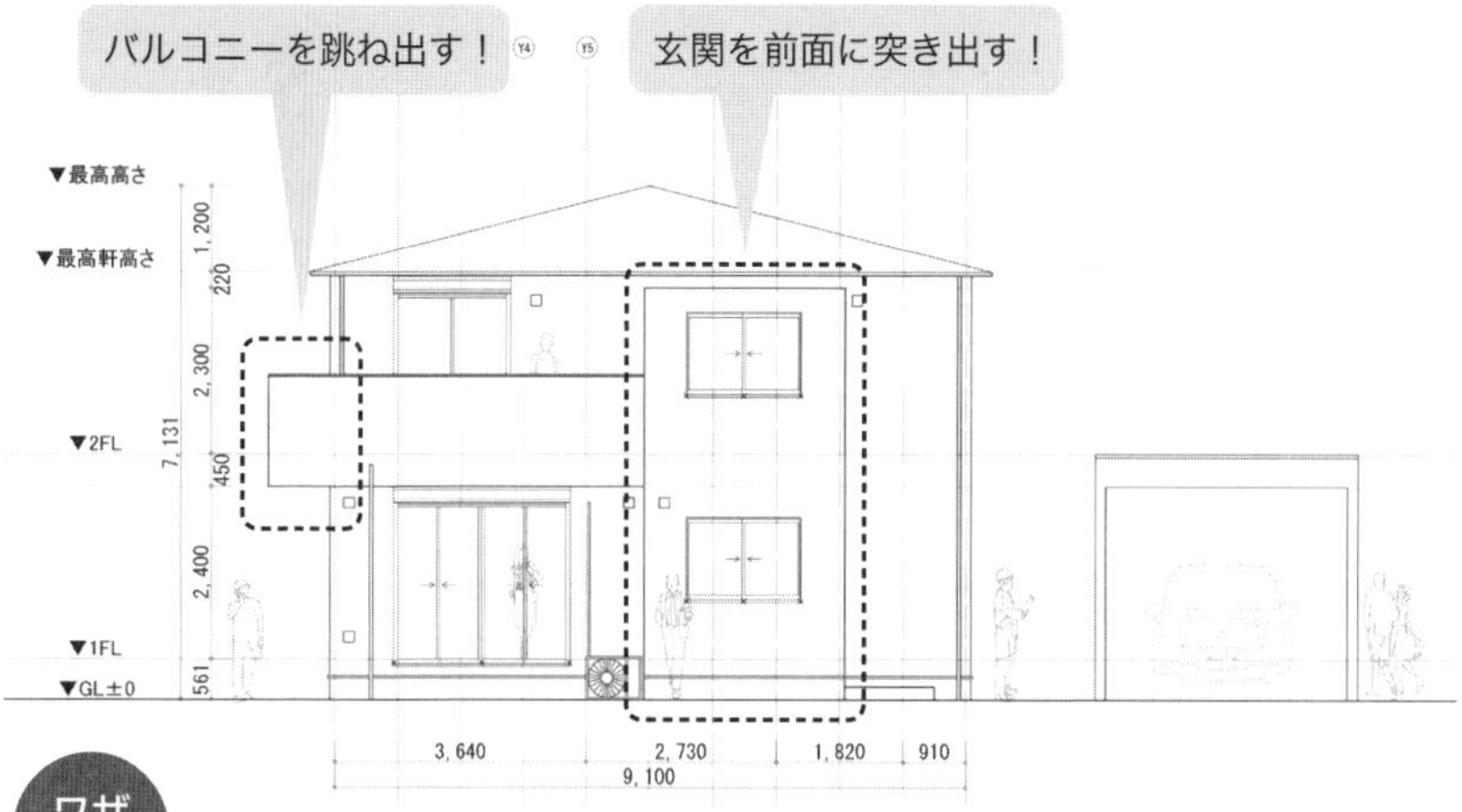

ワザ②

遠近感や凹凸によって立体感が出ると、
建物に魅力が加わります。

奥行きやアクセントが
生まれますね！

〈ワザ③〉水平の強調
建築界の巨匠たちのエッセンスを取り入れる

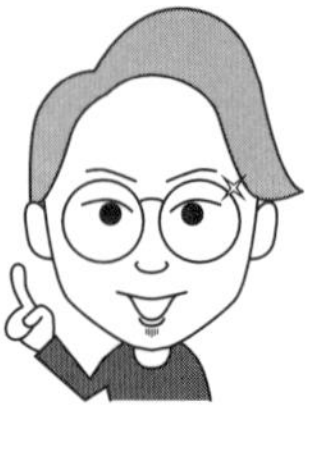

さらに、建物は「水平方向」と「垂直方向」を考えることによって、魅力的なデザインになります。

日本の建築界にも多大なる影響を与えた世界的巨匠、**ミース・ファン・デル・ローエ**と**フランク・ロイド・ライト**はともに「水平」にこだわって建築デザインを行ってきた建築家です。ライトは、屋根を低く抑え、建物が地面に水平に伸び広がったように見える「プレーリースタイル（草原様式）」というデザインを得意としていました。

この考え方を参考にしながら、先ほどの外観を「**水平の強調**」によってさらに整えると、左ページの図のようになります。

どうですか？　カナリ整ってきたのではないでしょうか。ここでは、水平・垂直を演出するために屋根の形状を変更しています。**屋根の勾配を緩く**して、垂直（縦方向）の印象を薄れさせつつ水平（横方向）を強調するとともに、**屋根の軒の出を深くする**ことで、さらに水平方向のデザインを強調しています。水平方向が強調されたことで、ミースやライトっぽいデザインになってきたと思いませんか？

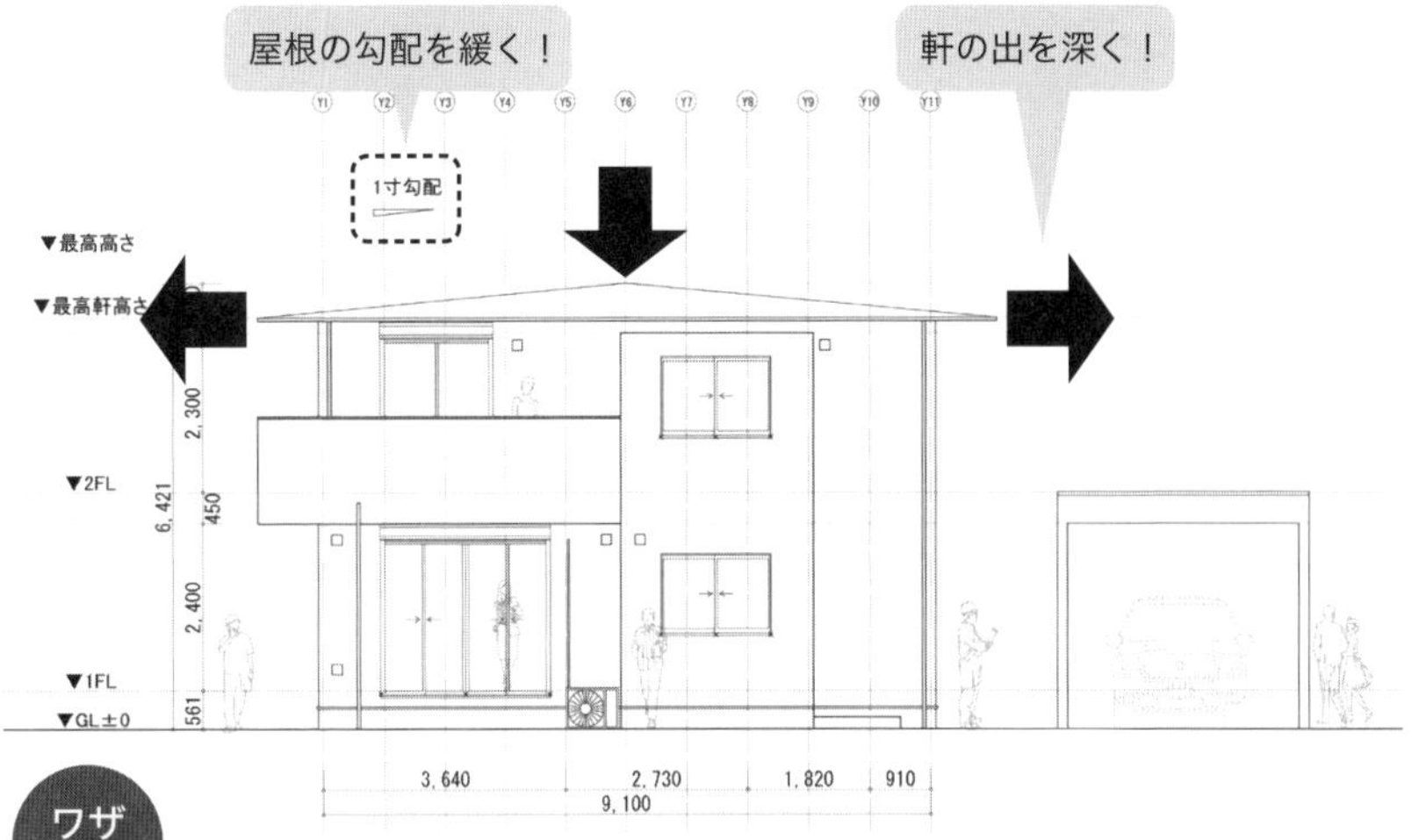

ワザ③

ところで、ナゼ水平・垂直にこだわることでデザインが美しくなるのか、おわかりでしょうか？　それは、**水平・垂直が「人間が生み出したモノ・考え」**だからです。たとえば木や水平線などの自然物は、一見まっすぐなものであっても、必ずどこかが湾曲していて、完全な直線で構成されていることはありません。水平・垂直なモノは人工物なのです。このことを「デザインの言語化」として表すと、次のようになります。

〈デザインの言語化〉

水平・垂直は人工物だからこそ、人間は水平・垂直を見極める能力に長けています。逆に言うと、水平・垂直が乱れているデザインだと、美しく見えないということなんです。だから、ミースやライトの建築物は魅力的に見えるんです。
こんな知識もお客様に披露してみてくださいね。

〈ワザ④〉連続とシンメトリー
上品で格調高い印象をプラス

「水平・垂直」と同様、「**連続とシンメトリー**」も人間がよく使うデザインのテクニックです。しかし、水平・垂直とは違って、「連続とシンメトリー」のデザインは自然界にも存在します。写真のような花などがその代表例と言えるでしょう。

人間は同じモノが連続して並んでいると魅力を感じ、シンメトリーなモノを美しいと認識します。再び人間の顔の話になりますが、美しい顔の持ち主は共通して鼻を中心として左右が線対称になっていると言われています。

では、連続とシンメトリーを使って外観をデザインしてみましょう。

ワザ②で前面に出した玄関のボリュームに、縦滑り窓を連続的かつシンメトリーに配置したのが、136ページの上の図になります。このようなデザインは、**なぜか不動産業者さんに人気**があるデザインです。

ナゼそうした印象になるのかと言うと、シンメトリーな建築物で有名なものには**「象徴的な建物」**が多いからです。たとえば国会議事堂、タージ・マハル、ノートルダム大聖堂、ホワイトハウスなど、政治や宗教にまつわる建物の多くはシンメトリーにデザインされています。そのため、シンメトリーなデザインを組み込むことで、上品で格調高い印象がプラスされるというわけです。「デザインの言語化」にあたっては、ぜひこのあたりの知識を披露してくださいね。

〈ワザ⑤〉「シカタナイDESIGN」を排除
不要な要素をなくし、完成度を高める

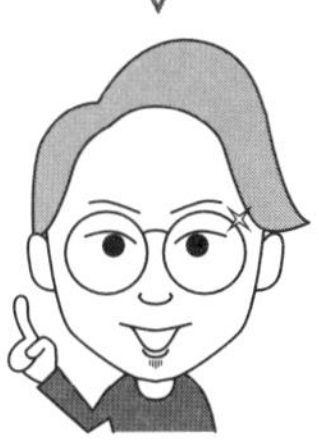

最初の立面図（128ページ）の1階中央部分、**エアコンの室外機**が見た目にうるさくて、ズッと気になっていた方も多いのではないでしょうか？　私はこうしたデザインを**「シカタナイDESIGN」**と呼んでいます。建物の外観のデザインで最も頻繁に目にする、悩ましいポイントです。

換気扇はシカタナイ……

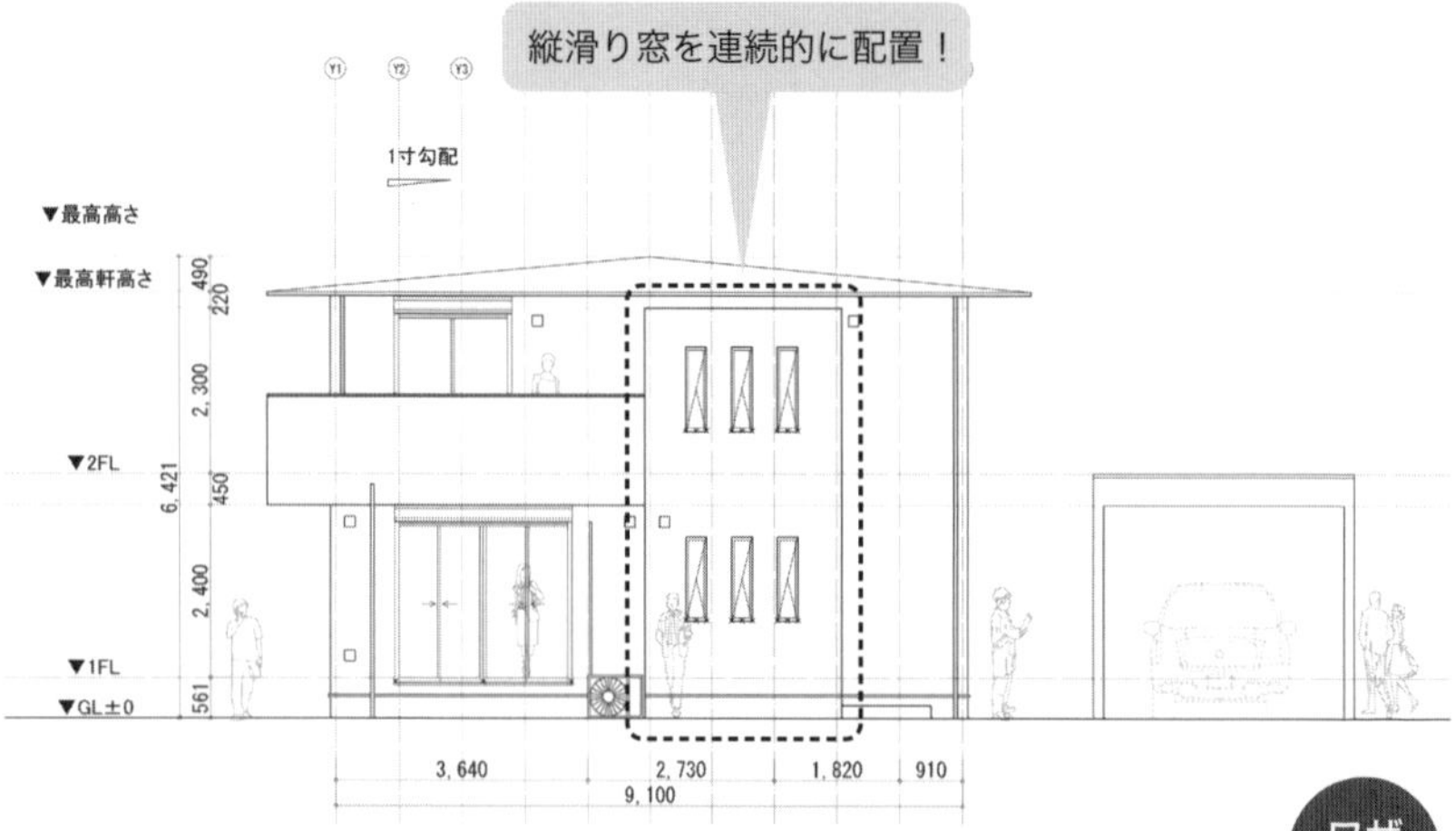

ワザ④

給気口はシカタナイ……
雨樋が縦樋なのはシカタナイ……
水切り・笠木はシカタナイ……
エアコンの室外機はシカタナイ……
お客様の要望だからシカタナイ……

このように、建物には法律や設備面での事情やお客様のご要望などによって、私たちプロとしては「シカタナイ」と言って計画を進めてしまう状況もしばしば起こります。とはいえ、この「シカタナイDESIGN」は、できる限り避けていただきたいところです。

というのも、「シカタナイDESIGN」とは、**考えられていないデザイン**だからです。ですから、シカタナイDESIGNを排除すれば、「考え抜かれた美しいデザイン」であると認識してもらえることになります。

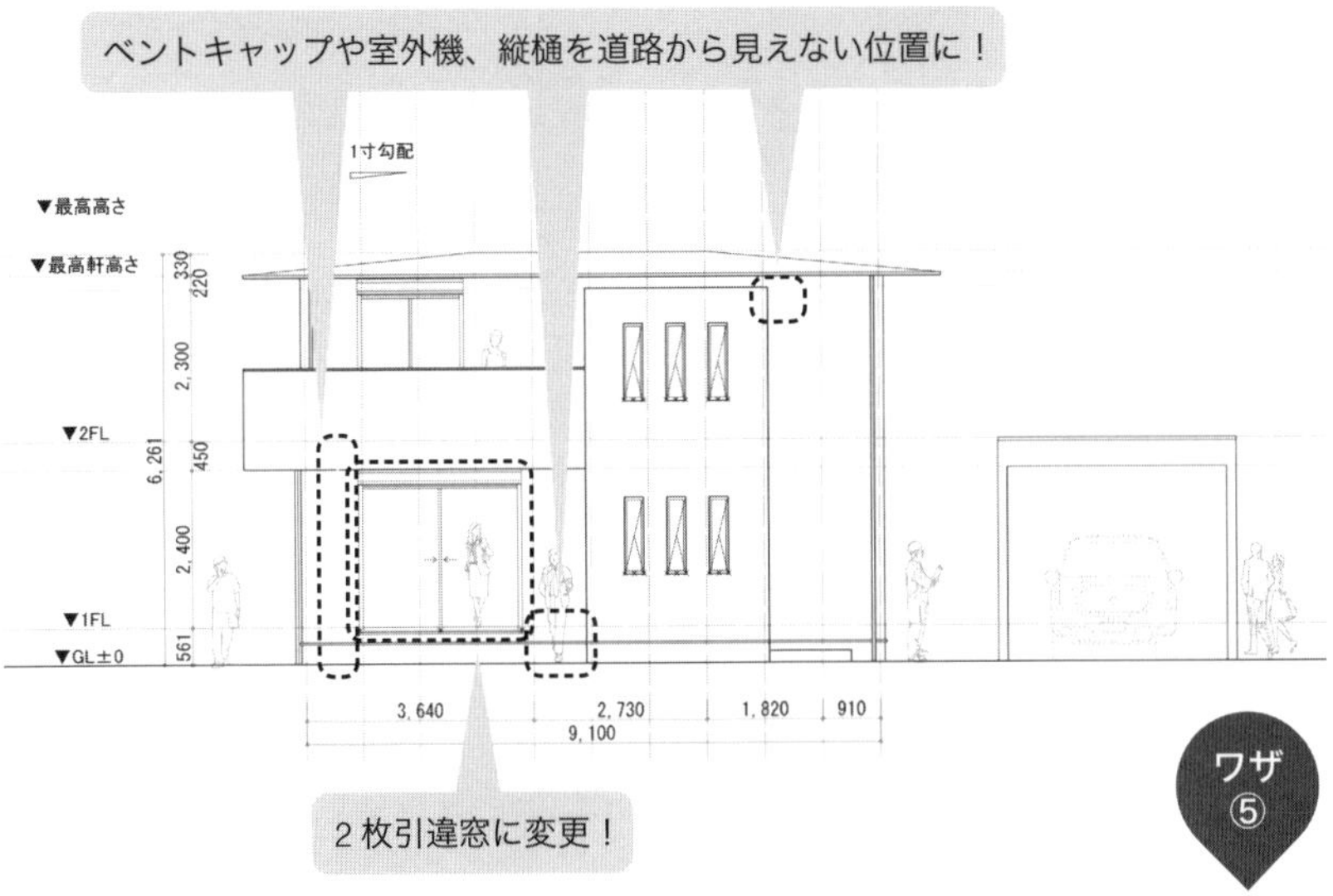

ワザ⑤

というわけで、シカタナイDESIGNを排除した外観が上の図です。ここでは、次のような工夫をしました。

- 換気口・給気口のベントキャップやエアコンの室外機は道路から見えない場所に移動
- バルコニーからの縦樋は横から抜かずに、跳ね出している床から抜く
- お客様が希望していた1階の4枚引き戸を2枚引違窓にしてシンプルに
- 水切り・笠木は外壁と同じ色に

邪魔な要素が整理され、デザインの完成度が随分上がったと思いませんか？　デザインの言語化としては、次のような説明ができます。

〈デザインの言語化〉

デザイン的には不要ですが「構造上仕方がないから」などと言ってキチンとつくり込まれていなかった部分を排除することで、整った外観にすることができます。できる限り見せなくてよい部分は隠し、シンプルにすることで美しい外観になります。

〈ワザ⑥〉外構も同時にデザイン
建物とのバランスを考え、まとまりある外観に

日本の文化なのか、住宅業界の悪習なのかはわかりませんが、家づくりの際に建物と外構計画が一緒に考えられていないことが多いように感じるのですが、皆さんはいかがでしょうか？

建物のデザインと外構計画は、切っても切れない関係にあります。建物のデザインが良くても外構計画がひどければ、全体として良いデザインとはお世辞にも言えません。ぜひとも外構計画と建物の外観を一緒に考えてデザインしてください。

そして、それらを一緒に考えてみたのが左ページの図です。いかがでしょうか？　カナリ印象が変わったんではないでしょうか？

ここでは、車庫と建物を一体的に扱い、デザインしています。さらに、バルコニーのスラブを強調し、手すり部分をガラスで構成することで、よりいっそう「**水平の強調**」を強めました。

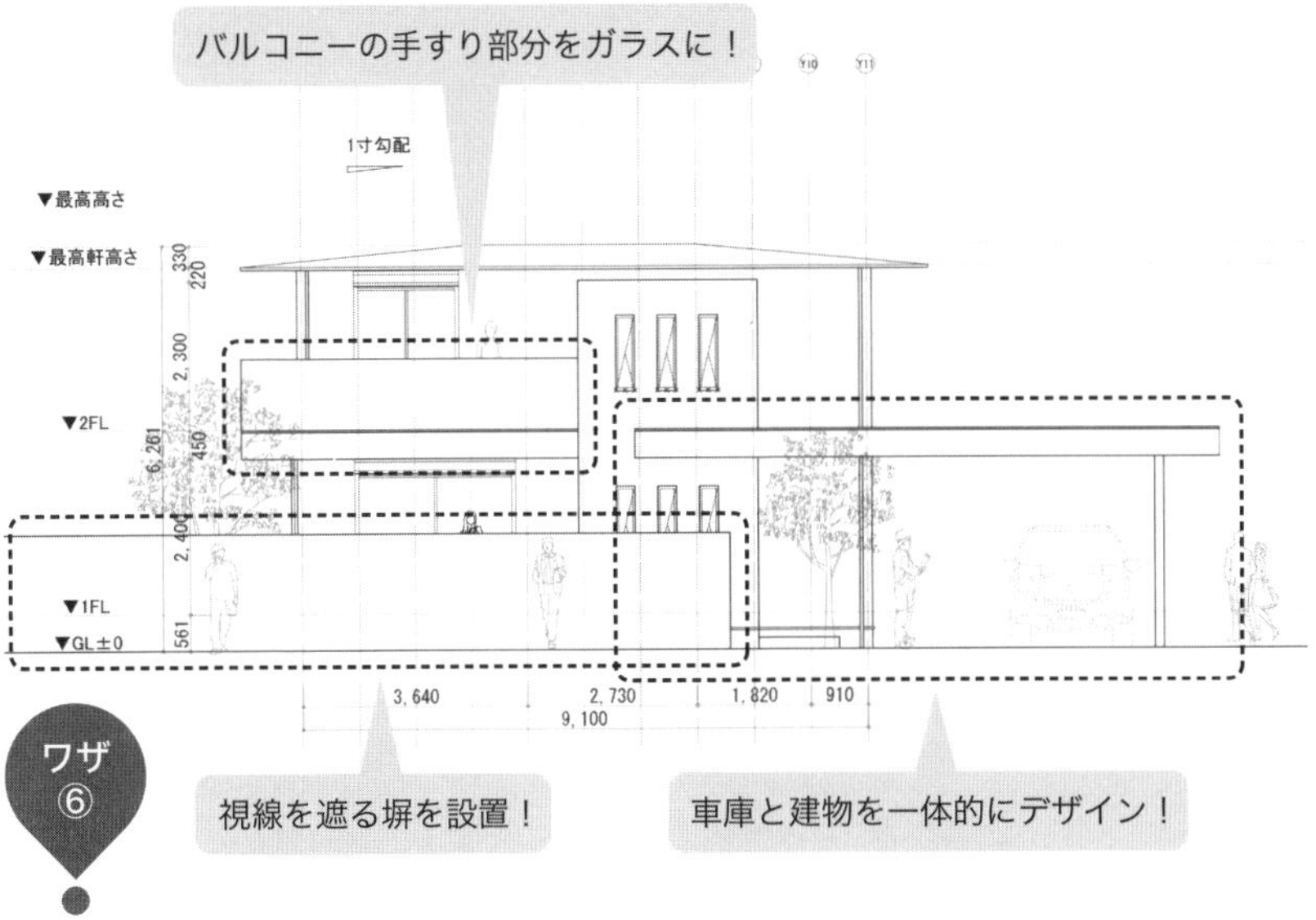

加えて、お客様からの要望により道路側に大きな窓を設けていますが、中が外から見えてしまうので、高い塀を付けることで外部からの視線を遮っています。また、植栽を計画することで、全体的にまとまりが生まれました。

「デザインの言語化」としては、次のように表現できます。

〈デザインの言語化〉

外観は外構と一緒に考えないと意味がありません。後から外構を考えると、外観とのバランスが合わなくなることがありますので、同時に考えることが重要です。

以上で外観のブラッシュアップは一通り完了しましたが、お金をかけてクオリティーを上げている項目もあれば、排除や位置の変更だけでお金をかけずに整えられる項目もあったと思います。そのあたりについては、お客様の予算に応じてメリハリをつけていくと良いかと思います。

デザインに正解はありません。皆さんの能力とお客様の予算で、ベストな外観を模索してください。

4章

プレゼンでお客様のココロをつかむには

自社の提案をストーリーで語る方法

完成後の暮らしも、数十年先の未来も目に浮かぶような間取りのプレゼンが理想

お客様に〝選ばれる〟間取りにするためには、デザインも当然大事ですが、作成した間取りがいかに魅力的なものであるかをお客様に伝えるためのプレゼンの仕方も大切です。3章では、デザインに関する話題を中心にお伝えしてきましたが、この章ではお客様への**「伝え方」**に重点を置きながら、話を進めたいと思います。

では、ここで質問ですが、なぜ「伝え方」が大事なのでしょう？　それは、大多数のお客様が建築のプロではないからです。なかには勉強熱心なお客様もいらっしゃいますが、**「間取りの見方がわからない」**といった方も少なからずいらっしゃいます。

そうした方の多くは、次のような疑問を持っていることが多いようです。

- 部屋の面積が書かれていても、その面積が自分たちにとってちょうど良いのかといったサイズ感をイメージできない
- 動線計画の良し悪しについて考えたことがない
- 間取り図のどの部分に着目して良し悪しを判断すればいいのかがわからない

●ＢＲ、ＳＢ、ＷＩＣ、ＭＢ……など、間取りに書かれた記号の意味がわからない
●扉や窓の形状の違いを読み取れないし、それぞれにどんな違いやメリットがあるかがよくわからない

つまり、間取り図から情報を読み取ったり、間取り図という2次元の情報を3次元の立体空間として想像することは、訓練を受けていない人にとっては、思いのほか難しいのです。私たちプロは、その点を踏まえたうえでお客様に間取りを説明していく必要があります。

これは、言い換えれば、間取りの説明を通して、以下に挙げるような情報がお客様の頭の中に〝**映像として浮かぶ**〟ような伝え方をしてほしいということです。

●提案された間取りでは、どんな空間演出がなされているのか
●そこではどんな暮らしが叶うのか
●どんな便利さ・快適さ・カッコ良さを感じさせてくれるのか
●子供の独立後、老後など、数十年後にどんな住み方ができるのか
●資産としてどのように活用できるのか

ココで挙げた情報をお客様にうまくプレゼンできれば、お客様のココロをつかむことができる確率は上がります。では、そうしたプレゼンをできるようになるためには何が大切なのか？　こ

れから順を追ってお伝えします。

間取りのプレゼンで押さえておきたい4項目。
動線、シークエンス、老後、資産としての活用方法

お客様に間取りをプレゼンする際に重要なのは、次の4項目です。これらをシッカリ押さえながら話せれば、皆さんが作成した間取りの魅力やコダワリがお客様にちゃんと伝わり、お客様にとって納得感のあるプレゼンになると思います。

①**動線**
②**シークエンス**
③**老後（20～30年後の暮らし）**
④**資産としての活用方法**

①と②は、間取り図を見ながら「新しい住まいがどんな空間になるのか」をイメージしていただくための重要な項目です。どちらも建築を学んでいない方々にはなじみのない概念ですので、プロの側から言語化してお客様に伝えてあげてください。それによってその間取りの良さがグン

と伝わりやすくなり、お客様の頭の中には、新しい家のイメージが映像として浮かぶようになるでしょう。家づくりのモチベーションが上がるはずです。

また、③と④のような10年以上先の事柄も、多くのお客様がイメージしづらいと感じる項目です。これらについても、プロ側が適切に情報提供を行いながら、お客様にご自身の未来について考えていただく機会にしましょう。

一見お客様からすると面倒と思われそうな話ですが、実はこれ、のちのちお客様に喜んでいただけるポイントだったりします。というのも、これまで曖昧な状態のまま考えてこなかった未来の不安材料（防災のこと、老後のこと、自分や親が要介護になったときのことなど）について、そのために何が必要かを考える機会になる分、そうしたことに前向きに取り組めたという自信が得られ、その分未来への不安も軽減されるからです。ですので、これによってお客様側の家づくりへの満足度は上がります。

さらに、会社とお客様との間で④に関する話し合いがシッカリできると、これから建てようとしている住まいをどのくらいのクオリティーでつくるべきなのかが明確になるため、皆さんにとっても、お客様側の予算を把握しながらの提案がしやすくなるといったメリットがあります。

では、ここからは先の4項目それぞれについて詳しく説明しながら、これらがなぜ重要なのかをお伝えしていきます。

動線計画を考える際には、間取り図に家具も書き込もう

それでは、①の「動線」からお話していきます。

われわれプロは、家事動線や生活動線、来客動線、子育て動線など、様々な視点から各部屋の配置や出入口などを工夫しながら動線計画を考えています。たとえば、洗濯機から物干し場へ最短距離でスムーズに移動できるようにしたり、来客がウッカリ風呂場や寝室に入ってしまわないようにしたり、学校から帰った子供とキッチンで夕飯の支度をしている親が自然と会話できるようにしたりなど、動線計画によって様々なことが可能になるのは、皆さんもご存知の通りです。言い換えれば、動線計画によっておおむね次のような効果をねらっていると言えるでしょう。

①**効率**：移動距離を短くして使い勝手を良くする
②**美観・快適性**：時にはあえて移動距離を持たせながら、楽しませる演出をする
③**コミュニケーション**：家族の会話を生まれやすくする
④**プライバシー**：お客様に見られたくない場所には入りにくくする

これらの項目のうち、特にお客様がこだわっているポイントについては、プレゼンの際にどのように工夫したかを優先的にアピールしてください。

それから、3章の「コンサル実例」でもお話ししましたが、間取り図の中に家具を書き込むことで、より理想的な動線計画の実現に近づけることができます（116ページ）。

また、家具を書き込むと、部屋の面積などのサイズ感がイメージしやすくなるのもメリットです。実は、お客様の多くが、間取り図から**「空間の広さ」**を把握することに難しさを感じておられます。そこで、ヒアリングの際に「その空間にどんな家具を何個置くのか」をお客様から聞き取って間取り図に記載しておくと、お客様が「このリビングの広さでは、ゆとりがありすぎるのでは？」「この寝室にベッドを2つ置くと、ちょっと狭いな。廊下は狭くても構わないので、この部屋はもう少し広いほうがいい」といった具合に、判断もしやすくなるのです。

アミーゴが行っている間取りコンサルで、他社の間取り図を目にする機会がしばしばありますが、**家具の大きさや家具の配置を書き込んでいない間取り**が本当に多いです。家具の大きさや配置を考えながら、そして、できれば実際に書き込んでいくほうが、お客様にも空間を把握をしていただきやすくなりますし、家が建ったあとに「こんなハズじゃなかった……」となるリスクも軽減でき、実際に住んだときの満足度につながります。

プロの方の中には、あえて「家具を間取りに書かない」または「書きたくない」という人もいます。理由としては「提案する間取りが小さく見えるから」という声が多いです。

お客様のテンションを上げた状態で契約に持ち込みたい！という気持ちはわかるのですが、間取りの段階で家具の配置や使い勝手などを検討しておかないと、あとになってから使いにくい間取りや部屋の形状、大きさなどが判明してしまうことにもなりかねず、トラブルになる可能性も否めません。ですので、間取り作成の段階で、ダイニングテーブルやソファー、ベッドに机まで配置を計画し、ご提案すれば、隅々まで考えられた間取りであることがお客様にも理解でき、信頼を得ることができます。

皆さんが間取りに家具を書き込んでいる理由をキチンとお客様に説明していればお客様も納得してくれますし、競合他社の間取りに家具が記載されていなかったら皆さんが作成した間取りのほうが評価が高くなります。

空間構成の重要な鍵を握るシークエンス。図面を指でナゾりながら体感してもらおう

建築業界では、「景色の移り変わり」「シーンの連続」といった意味で「**シークエンス**」という言葉をよく用います。また、映画の世界でも、いくつかのシーンが集まってできたひとまとまりのエピソードを「シークエンス」と呼ぶことがありますが、一般のお客様にとっては、あまりなじみのない言葉かもしれません。とはいえ、今では偉そうに「シークエンス」と言っている私アミーゴ小池も、大学生のときに建築家の妹島和世さんの講演会に参加して初めて知った言葉でし

た……。そんなシークエンスが工夫されていることで、空間にどのような魅力が加わるのかということは、プロの側からシッカリとお伝えする必要があります。

私たちプロは、間取り図をつくる際に、そのシーンがどう見えるのかや、どういうふうにシーンが切り替わっていくのかといったシークエンスを意識しながら、住まいの空間構成を考えているかと思います。たとえば、階段を上がっていくと、吹き抜けの天井から優しい光が降り注いできて、開放感を感じながら2階のリビングへ向かっていく流れだとか、あるいはリビングの位置からキッチンのほうを見るとキッチンの天井が若干下がっていて「あちらはプライベート空間なんだな」ということが認識できるようにしているとか、そうした工夫でより良いシークエンスを生み出していますよね？

あるいは、窓の位置を工夫して光の量を調節してみたり、お色合いを気にしてみたりといった工夫をしながら「ある空間から別の空間へと動くことによって、どんなふうにシーンが切り替わるのか」といったシークエンスを考えて、空間を演出することもあると思います。

このように、**シークエンスを工夫することで感じられるワクワク感**を、建築の知識を持っていないお客様に対して伝えることができ、間取りを通して新しい住まいのイメージを立ち上がらせることができると、お客様の家づくりへのモチベーションや期待もアップしますので、大きな強みになるはずです。

さらに、間取りの説明を行う際には、お客様に「実際にその間取りを**指でナゾリながら**」見ていただくようオススメしてください。そうすると、今いる空間から次の空間に移るといった「**間**

取りの中を歩く」体験ができるからです。こうしたことを続けていくと、最終的にはお客様側も2次元の間取り図を見ながら3次元の空間把握ができるようになります。それにより、完成した家を見て「思っていたのと違う……」といったギャップを感じる可能性が軽減しますので、お客様にとっても満足度の高い家づくりに近づくことになります。

この「間取りを歩く」訓練は、**プロとしての経験の浅い方や建築を学んでいる学生の方にも非常にオススメ**です。とにかく多種多様な間取りを〝歩いて〟、要所要所で「なぜこんな間取りになったのか」「自分ならこの間取りをどうするか」「気になる部分はどこか」「どこがダメなのか」といったことをシッカリ考える習慣をつけてください。間取りを説明する力がつくようになるのはもちろん、自分で間取りを作成する際のヒントとしても役立ちます。

加えて、皆さんが間取りをお客様に提案する際にも、このシークエンスを意識して説明することが重要です。間取りの提案がうまくない人には、作成した間取りをお客様に渡すだけ、あるいは面積や費用の説明をするだけの人が多いのですが、それではお客様は間取りの魅力を理解してくれません。

プロである皆さんから、先に紹介した動線計画を考慮したうえで、道路から玄関へ歩いていくと〇〇のような景色が見えて、玄関ドアは動線を考えると〇〇のように開き、玄関を入ると〇〇のような空間が広がり……のように、間取りを見ながらお客様が「シーン（映像）」をイメージできるように説明（プレゼン）してくださいね。

老後の住まいをどうする？
そうしたことも考える手助けを

続いては、③「老後（20〜30年後の暮らし）」と④「資産としての活用方法」についてです。これまでたくさんのお客様をヒアリングして感じたのは、実に多くのお客様が**将来のことはイメージしづらい**と思っているということです。確かに、今の状況に基づいて判断することの多い家づくりにおいては、将来的にどうなっているかを予測しながらいろんな物事を決めていくのは、現時点で見えていないことが多いゆえに難しいことです。だからこそ、プロは「予測」をする作業のお手伝いをする必要があります。その際に重要になってくるのが、1章でやり方を紹介した**細かなヒアリング**です。

まずは③についてですが、ヒアリングでお客様ご一家の年齢や家族構成をキチンと把握し、10年後、20年後、30年後にそれぞれの家族がどう暮らすのかといったことを一緒に考えるようにしましょう。たとえば「どんな仕事・働き方をしているか」「お子様の進路はどうなっているか」「親御さんとの同居の可能性の有無」「自分や家族が要介護になったときにどうするか」「この先やってみたいコト」……など、いろいろな質問を投げかけながら、お客様とプロの間で将来の見通しを共有してください。そして、そこで聞いたことを手がかりに間取りを作成し、プレゼンでは

「ヒアリングの内容を反映させた結果、この間取りではこんな暮らしが叶います」といったことをシッカリ伝えてください。

たとえば、これから建てる家を**「終の棲家」にしたい**と考えていて、日当たりの良さと老後の住みやすさを優先したいというお客様がいたとします。その場合、3階建ての家の2階にLDKを配置して、3階には吹き抜けを設けて光を入れることで、日当たりのいいLDKができます。さらに老後の対策としては、2階のLDKに階段で上れなくなるケースも想定して、将来的にエレベーターも設置できるような計画にしておく提案もできると思います。……といった具合に、将来にも備えた家づくりを提案することで、ぜひ他社に差をつけていただきたいと思います。

ここで重要なのは「**提案を押しつけない**」ことです。細かなヒアリングができていない人によく見受けられますが、お客様が望んでいない提案を押しつけてはいけません。プロがお客様よりも建築の経験や知識があるのは当たり前ですが、あくまでお客様の要望を聞き取って、お客様と話し合って家をつくることがプロの仕事だと思います。プロだからと言ってお客様が望んでいない提案をゴリゴリ押し付けて提案するようなことは避けるようにしましょう。

続けて、④の「資産としての活用方法」です。お客様の中には、建てた家を終の棲家にしたいという方もいれば、「子供が独立したあとは売却して駅近のマンションに住みたい」というように**売却も視野に**入れている方もいると思います。

たとえば、若い夫婦で将来的に売却したいというお客様のための間取りを作成する場合、その地域周辺で新築されている建物の大きさや間取りがどの程度かを調べたうえで提案し、間取りをプレゼンする際にはそのこともシッカリ伝えてください。将来的にその地域がどんな地域になりそうか、どんな経済状況になり、どんな人が住むことが予想されるかといった情報も加味しながら、「だからこういう間取りだと売りやすい」といった提案をしましょう。そうした**「地域に関する情報」は、他社との差別化を図るうえでとても大事**です。詳しくは5章で解説します。

さらに、「お客様が**何歳の頃にどのぐらいの価格で売りたいのか**」という見通しも重要です。加えて、「その建物を売却して、次にどんな建物に住むのか」「どのぐらいの費用の建物に住みたいのか」といったことをお客様に確認することで、これから建てる家をどのくらいのクオリティーでつくるのかが明確になります。

将来的に家を解体して土地だけを売るのか、土地だけを子供に渡すのか、20〜30年で取り壊す家ではなく100年もつような家をつくって子供に住み継いでほしいのか、それとも20〜30年したら建物を売って、次の建物を購入したいと考えているのか……など、最終的に判断するのはお客様側ですが、その判断を手助けするための情報提供や提案をしてください。

一方、建てた家を「終の棲家」にしたいと考えているお客様の場合は、**最終的に解体するパターン**が多いので、その際に解体費用がかかる可能性もあります。そのため、土地を売ったとしても解体費用がマイナスになることも伝えておきたいところです。また、売却を考える場合にも、そのときに建物がいくらぐらいで売れるのかについてプロ側の予測も示しておくと判断材料になると思います。こうした事柄について、お客様がイメージしやすくすること、プロとして自分の考えを伝えることがポイントです。

弊社ではコンサル先の会社さんにこうしたことを伝えているのですが、その際に「家をつくる私たちが、なぜ将来の家の売却まで考えなければならないの？　そんな仕事は不動産業者やファイナンシャルプランナー（ＦＰ）の仕事じゃないの？」といった質問をいただくことがしばしばあります。確かに、いま現在、家や土地の売却を行っているのは不動産業者で、お金や人生設計に関してはＦＰに相談をする人が多いかもしれません。しかし、皆さんは建築のプロですよね？　不動産業者やＦＰといった方々と同等の知識はないにせよ、お客様に良い家を提案して、将来的に売却がしやすいような家を計画することはできるはずです。

このようにお客様が「他社では聞かされていなかった」項目まで提案することで、他社と明確に差別化ができます。それにより成約率も上がることになります。

要望通りに「一般的な間取り」をつくるだけでは、プロとしては三流

ここまで、間取りを説明する際に重要となるポイントを、４つの項目に沿ってお伝えしてきました。これら４つの項目についてお客様がイメージできるような説明ができれば、間取りのプレ

ゼンとしては成功だと思いますが、そして、これらの4項目を押さえるために欠かせないのが、1章でもお伝えした「**細かなヒアリング**」です。

「いやいや、オレたちプロだし、そんなに細かな情報なんてなくても、いい間取りくらい書けるよ?」

そんなふうに思う人もいるかもしれませんね。ある意味、それは正解かもしれません。というのも、たとえば「動線計画」や「部屋の広さ」といった事柄について、私たちプロは、自身の知識や経験から〝一般的な〟正解を導き出すことはできます。確かに、「これまでの経験上、こういう動線計画が望ましいよね」だとか「最近の新築のLDKは○畳くらいにすることが多いから、同じ大きさで提案しよう」といった考えのもと、間取り図を作成することは可能でしょう。

しかしながら、〝一般的に〟正解とされる動線計画や部屋の広さがすべての施主の希望に見合うとは限りません。生活スタイルや行動の仕方が標準的な家庭と違うお客様だった場合、一般的な動線計画に基づいた家は住みにくい可能性だってあるのです。だからこそ、細かなヒアリングが必要なのです。

この話は「**敷地**」についても当てはまります。提案した間取りが敷地に合っているかは、プロならば十分に気をつける必要があります。最低限「方位」「道路の位置」「近隣との窓の位置」の3項目に配慮しつつ、それ以外にも、敷地の魅力を活かした間取りにする、敷地の高低差を考慮した間取りにする、敷地のデメリットを改善した間取りにするなど、敷地の情報・状況を考え合わせた間取り図を作成していただきたいと思います。

また、お客様の要望を細かく聞き取ったからと言って、それを「御用聞き」のように鵜呑みにし、ただそれらを反映させただけの間取りを書いてしまってはプロとして三流で、お客様の思い込みをプロとして否定するのが大事という点も1章で述べた通りです。プロ側には、「自分の考え」をもとに提案することが求められます。

では、このあとの「コンサル実例」を通じて、アミーゴ流の間取りのプレゼンを体感していただき、〝イメージが目に浮かぶような間取りの「伝え方」〟を伝授したいと思います。皆さんのお仕事にもぜひ取り入れてみてください。

コンサル実例

指で図面を歩けば、暮らしが見えてくる!? ストーリーを持たせながら、間取りを説明する方法とは

ここでは、アミーゴで提案した実際の間取りを使いながら、間取りのプレゼンの仕方をお伝えしていきます。

160ページの間取り図をご覧ください。上側（西側）が道路に面しており、右手が北になります。お子様が一人いる30代のご夫婦の家で、現在一人暮らしをされているお施主様のお母様が将来的に同居される可能性があるとヒアリングで聞いたので、それを踏まえてプランニングしました。

お客様へのプレゼンの際には、実際にこの間取りを指でナゾりながら、図面の中を〝歩いて〟いただきました。その中で、歩いて移動するにつれてシーンがどのように切り替わって見えるのか、どういう意図で設計しているのかといったことを説明し、この間取りの**ストーリー**を感じていただけるようにしました。

では、そのプレゼンの際にどのように説明したのか、大事なポイントに絞って紹介していきます。

歩いて行った先に何が見え、どんな気分になるかを体感できるように伝える

まずは、外構の門扉《もんぴ》から玄関までの**シークエンス**についてお話しましょう。

道路から直接建物に入るのではなく、あえて**アプローチを長め**に取りました。道路から玄関扉が見えて、直接入るという動線計画にすることもできたのですが、アプローチを設けることで、玄関に着くまでの気分を高めたいと考えました。

アプローチを入ると、右手側には高めの塀があります。これによって道路からの視線が遮られ、歩いて行った先の正面にはシンボルツリーがドーンと待ち構えています。このシンボルツリーを見ながら、玄関へと近づいていきます。夜間にはこの塀を下からアッパーライトで照らすことで、高級マンションのエントランスのように演出することもできます。このアプローチを歩いている間に、お施主様の気分は外の喧噪から離れ、家主だけのためのくつろぎの住まいへと導かれていくはずです。

そして、玄関を入ると、**坪庭の景色**が飛び込んできます。住宅の顔である玄関に入っていきなり坪庭の木々が見えると、気持ちいいですよね。**照明**を工夫して坪庭の植栽をライトアップすれば、より印象的になると思います。自宅に誰かを招いたときにも感心していただけるポイントと

なるのではないでしょうか。……と、こんな具合に、建築のプロであれば、ストーリーを考えながら空間構成をしているはずです。皆さんが工夫されたストーリーをお施主様にも味わっていただけるよう、一緒に間取りを指で歩いてみましょう。

開放感や快適さ、具体的な暮らしのシーンなどが思い浮かぶストーリーを

続いては、玄関から主寝室・和室にかけてのシークエンスについてお話します。

玄関土間を上がると、主寝室・和室に行くアプローチになっていますが、玄関よりも**あえて廊下の幅を小さく**しています。というのも、主寝室・和室は**プライバシー性が高い空間**なので、訪問客に気軽に入られては困りますよね。また、突き当たりの壁は、たとえばアクセントクロスにするとか、照明を付けるとか、あるいはニッチ（飾り棚）を設けても面白いかもしれません。

そこからドアを開けて主寝室に入ると、右手にはスリット窓と呼ばれる細長い形の採光用の窓があって、その窓から外のウッドデッキや坪庭の植物を楽しめたりもします。

また、ベッドの枕の上の位置に**窓**があります。細長い窓にしてあって、朝になると眠っている人の上のほうから優しい光が降り注ぎます。人間は、朝起きたら徐々に光を浴びて脳を活性化させながら一日をスタートさせるといいそうなので、東からの光をしっかり寝室に入れてあげるこ

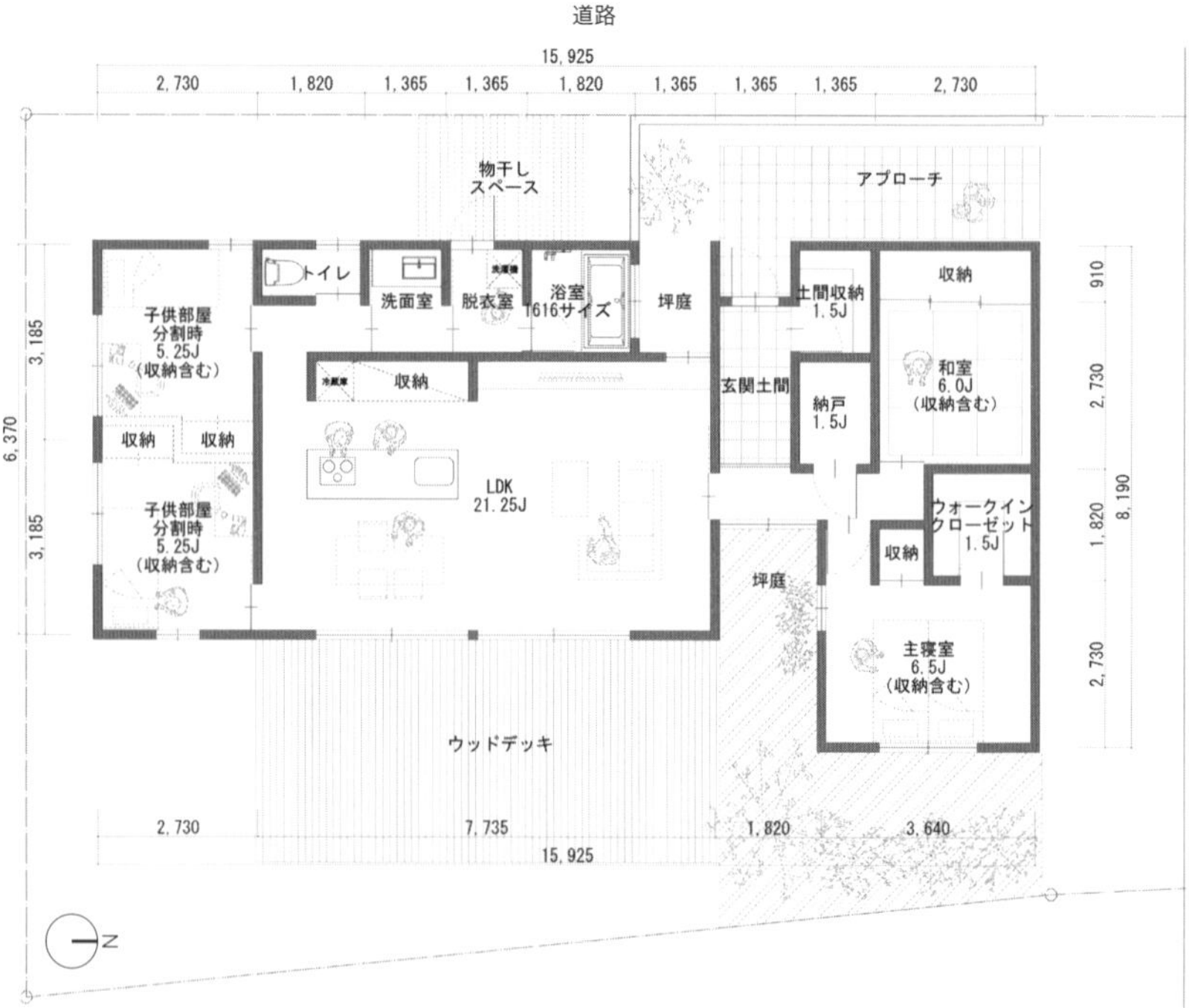

とをポイントにしています。

続いて、ＬＤＫのほうに入ってみましょう。引き戸を開けて入ると、開放的で大きなＬＤＫが広がります。人間は広がりがあるほうに視線がいくので、外にあるウッドデッキに目がいくと思います。このウッドデッキとＬＤＫの床のレベルを同じにすることで、**ＬＤＫとつながったように見える**はずです。そうすることで、ウッドデッキのほうに視線がいくと、外の空間へと視界が広がります。このようにして開放感を感じられるつくりにしている点が、このプランの１つの見せ場です。加えて、キッチンで料理をしていても、このウッドデッキが眺められるようにしているので、かなり開放的で気持ちいいプランになっていると思います。

そこから少し歩いて右手側を見ると、お風呂とつながった**坪庭**があります。もちろん、お風呂の中は見えないように窓を配置しているので、坪庭の眺めだけがチョッと楽しめます。お風呂からだけでなくＬＤＫからも坪庭が楽しめて、二度おいしいみたいな感じが味わえます。

と、ここまでのシークエンスの説明はいかがでしたか？　この家に住むと、随所に緑が感じられて、リラックスした暮らしができそうだとか、ウッドデッキで遊ぶ子供に目を配りながら、休日にのんびりとお料理するのが楽しそうだなとか、坪庭を眺めながらゆっくりお風呂に浸かると癒されそうだとか、**いろいろな生活の場面を思い描く**ことができたのではないでしょうか。こうした点も、間取りとともに伝えるべきストーリーに不可欠なポイントだと思います。

収納、老後、コミュニケーションなど、動線計画で工夫したポイントをアピール

では、続いては**動線計画**についてのお話です。
このお客様はアウトドア用品をたくさんお持ちでしたので、**玄関近くに収納スペース**を希望されていました。ですので、釣り竿、スキー板、サーフボードなどが入るような納戸をつくりまし

た。大きな荷物をわざわざ室内から持ってくる必要がなくなったので、利便性がかなり上がっているると思います。

また、この間取りは北側が大人のためのスペース（和室、主寝室）になっています。お施主様がお年を召したときになるべく近くに玄関がほしかったということと、のちにお母様と一緒に住まれるとき、お母様の部屋となる和室と主寝室の位置が近いほうがいいという要望から、こういう配置にしました。

とはいえ、すぐ同居というわけではないので、和室は当面はゲストルームとしても使えるようにしています。また、奥様の趣味がお茶なので純和風にしていますが、それだけでは面白みがないので、窓を天窓にすることで印象的な和室を演出しています。

続いて、子供部屋のアクセスについてお話しします。子供部屋を南側に配したのは、お子様とのコミュニケーションを円滑にしたいというお客様のご希望があったからです。**ＬＤＫを通ってお子様の部屋にアクセスする動線**計画にすることによって、ＬＤＫにいるご主人や奥様と帰宅したお子様との間で会話が生まれます。この話は3章の事例⑥でも触れた通りです（100ページ）。

毎日使う場所だからこそ、使いやすく。家事動線の工夫も伝えよう

特に奥様が気にされる**家事動線**については、キッチンや水回りを近くに固めました。これにより家事動線が良くなっていますね。

このお客様は、夫婦共働きだったこともあって家事動線を短くしたいと要望されていたので、洗面所以外に脱衣場を設けています。さらに、この脱衣所から直接外の物干し場へ行けるような動線にしました。

この物干し場には南からの光がたっぷり入ってきますので、洗濯物が乾きやすいうえ、高い塀を設置しているので道路から洗濯物が見えることもありません。このように、間取りを作成する際には、外構計画も併せて考えておくことも大事です。これも3章の「実践演習」のワザ⑥でお伝えした通りです（138ページ）。

また、家事動線についてもう1つ付け加えると、夫婦でキッチンを使うことが多いとうかがっていましたので、キッチンを両方向からアクセスできるアイランド型にしました。壁に接するペニンシュラ型だと、行き止まりが生まれ、動線計画が重なるため使いづらくなるからです。

以上、だいたいの間取りのプレゼンの雰囲気はつかんでいただけたでしょうか？

このように、お客様の感情に訴えかける言葉を使いながら、「なぜこの間取りが良いのか」「この間取りでどんな暮らしが可能になるのか」といった情報を届けることができるプレゼンをぜひ体得いただけましたらと思います。お客様の情報をシッカリ聞き取って、そのお客様のために考え抜いたポイントを説明して、お客様の信頼を獲得してくださいね。

5章

標準仕様を「何となく」決めるのは危険

自社の標準仕様をつくる方法

たとえお客様に見せないとしても、自社の標準仕様は設定すべし

プロである皆さんなら、「**標準仕様**」という言葉を一度は耳にしたことがあるのではないでしょうか。標準仕様とは、施工店が見積もりを作成する際に「標準」とするフローリングやシステムキッチン、外壁などの「仕様」のこと。つまり、その会社における〝標準的な家〟を建てるために用意されている基本的な素材や設備などを指します。一般に、次のようなものについて設定されています。

- 住宅の構造・工法
- 断熱素材
- 建材・床材
- システムキッチン、ユニットバス、トイレ
- 外壁材、屋根材　など

この標準仕様というものは、**会社の利益を出すために欠かせない、**

非常に重要な存在です。

2章では、他社との差別化を図るために、「自社のデザイン」を地域性・顧客属性・企業方針に沿って決めていくことが重要だとお伝えしましたが（67ページ）、それらと併せて標準仕様も設定することを強くオススメします。

ひょっとすると、いま本書を読んでくださっている皆さんの中には「ウチの会社には、標準仕様なんかないぞ」という人もいるかもしれませんね。そうした会社の方々は、おそらく「お客様に自由に選んでいただきたい」「お客様と一緒に〝世界に1つだけの家〟をつくりたい」といった思いから、標準仕様を意図的に設定していないのではないかと思います。

だとしても、これからお伝えする知識は、身につけておいて損はありません！　たとえお客様には提示しなかったとしても、自社の標準的な仕様というものを設定しておいたほうが絶対にいいです。

では、ナゼそこまで強くオススメするのか？　理由をこれからお伝えしていきます。

よく練られた標準仕様は、時間短縮のための最強ツール

前述の通り、世の中には「標準仕様を設定していない会社」も存在します。特に**設計事務所**や

建築家は標準仕様を設定していないことが多いです。

というのも、そうした人たちの場合、設計後の工事は施工業者に依頼し、「設計監理業務」のみを行うパターンが多いため、自由な設計ができるよう、それぞれのお客様に対してゼロから仕様を組み立てているからです。そうすればデザインや機能・性能が唯一無二の、お客様にとって〝世界に1つだけの建物〟が完成します。そして、その建物が写真映え・インスタ映えするものであれば、知名度や評判が上がり、運が良ければ次の仕事につながります。そうしたことを意図して、あえて標準仕様を設けていないのです。

しかし！ **近年は、設計事務所や建築家も標準仕様を設定することが増えつつあります。**

ひと昔前までは「先生」と呼ばれる設計事務所の代表や建築家の方々は、コダワリ抜いた見栄えの良い建物をつくることで次の仕事が舞い込むようセルフプロデュースをしていたのですが、近年は大手ハウスメーカーなどのデザイン力も上がり、設計事務所や建築家の設計に引けをとらない建物、あるいはそれ以上の建物がつくれるようになったのです。そこで、設計事務所や建築家であっても「**自社の利益**」を考えて標準仕様を設定している会社が増えています。

ここまで読んで、「標準仕様と利益にどんな関係があるの？」と思った人もいるかもしれませんね。そんな皆さんは、カナリ勘がいいです！

そもそも標準仕様の設定がない会社は、お客様と一緒にゼロから仕様を決定します。それはつまり、建物の素材や設備などを1つずつ決めていくことを意味するわけですが、具体的にはシステムキッチン、トイレ、風呂、外壁、屋根材、各部屋のフローリング……など、すべてのものに対して、次のような作業をしていくことになります。

①お客様の好みを聞き取り、
②様々なメーカーを調べ、
③サンプルを請求し、
④m²単価（または坪単価）を確認し、
⑤施工方法やデメリットを調べ、
⑥さらに、自分たちが考えているデザインや機能・性能に適したものかをなのかを検討・判断する

どうですか？　標準仕様がない会社だと、すべての仕様を決定するまでに**時間がカナリ必要**ということを感じていただけたのではないでしょうか？

また、前述したような事情から、現在の設計事務所・建築家も利益を上げるのに苦戦しています。写真映えするような建物がつくるだけで仕事の依頼が来るようなケースは減っているため、自社で営業を行い、利益の少ない案件であったとしても設計業務を行わなければならない会社が増えています。そんななか、昔のように「時間がカナリ必要」なスタイルで利益の少ない建物を設計していると、年間の利益は減少し、経営が悪化することは容易に想像できると思います。

だからこそ、初めからお客様に見せることができる「標準仕様」を作成しておくことで、**打ち合わせ時間を短縮**させ、1棟あたりの利益が薄かったとしても、年間で設計できる棟数を増やすことにつなげられるというわけです。

さらに、標準仕様の内容がシッカリと考え抜かれたもので、その内容を魅力的に説明できる能力があれば、お客様を納得させるスピードも上がるため、より一層の時間短縮につながり、利益を増加させることが可能となります。まさにこれが、標準仕様が非常に大切とお伝えした理由なのです。

他社と差別化できず、お客様も喜ばない「ショボい標準仕様」は、いかにして生まれるのか

ここまでのところで、標準仕様があればお客様との打ち合わせ時間を短縮でき、ひいては利益増につながることを理解いただけたのではないかと思います。

すでに自社の標準仕様がある人には、当たり前に感じられたかもしれませんね。ですが、打ち合わせ時間の短縮を意識することが増収のカギであることは、ぜひ改めて心に刻んでいただきたいと思います。

しかし一方で、「ただ標準仕様を設ければいい」というわけでもないのです。事実、すでに標準

仕様を設定されている会社の方から、次のようなご意見をいただくことがしばしばあります。

「標準仕様が他社と同様だから、差別化ができず、契約率が伸びないんだよ……」

「他社の標準仕様のほうがいいから、自社の魅力を説明しづらいよ……」

「標準仕様がショボすぎて、お客様が毎回標準仕様以外を希望してくるのが面倒なんだよ……」

これは、意外と多くの会社で共通の悩みなのではないでしょうか？

こうした悩みを抱える理由は単純です。**「標準仕様を真剣に考えていない」**または**「標準仕様がショボい」**からなのです！ 標準仕様をシッカリ考え抜いて決定していれば、他社との差別化や、自社の魅力度・顧客満足度のアップを叶えることは可能です。

ではここで、真剣に考えられていない、ショボい標準仕様がどのようにしてできるのかを見てみましょう。一例ですが、中小規模の工務店では、次のように標準仕様を決めている会社が非常に多いのが現状です。

①自社で付き合いのある**問屋・商社の営業マン**が薦めてきた仕様を標準仕様として取り入れている

②社長や上司の**独断と偏見**で標準仕様を決定している

まず①は、材料を仕入れる問屋や商社が「皆さんの会社のあるエリアで人気の仕様」や「現状で売れ筋の商品」をオススメしてくるパターンです。ですが、問屋や商社も商売なので、売れない商品を押しつけるようなことは当然していません（そんなことをして取引先が倒産してしまったら、大損になります）。しかし、彼らがオススメしてくる仕様は「問屋・商社が儲かる商品」なのです。

そのため、「オススメされている商品が、自社にとって本当に良い仕様なのか？」について、皆さんの側で今一度考える必要があります。

また、もう1つ重要なのは、問屋や商社のオススメ商品は、同じエリアの競合相手にもオススメされている可能性があるということです。

「いやいや、わが社に来ている担当者さんはそんなことしないよ」と思いたい気持ちもわかりますが、商品の流通や運送、または商社とメーカーのつながりなどを考えると、同じ仕様が同じエリアで大量に売れるほうが儲けにつながることは想像に難くないはずです。問屋や商社もビジネスなので、自社が儲かるように商品を紹介するのは当たり前です。もちろん、親身になってくれる担当者さんも一部いるとは思いますが、こちらから何も要望しない場合、基本的には自社の利益を優先してくると思っておいて良いと思います。

また、②については、各会社の昔からの方針に端を発していて、根深い問題になっているケースも多々見られます。社長や上司など、決定権を握っている人が**「わが社は20年間ズッとこの仕様で家を売っているんだ!」**とこだわっていたり、他社や

海外の建物を見て

「これからはこの仕様がウケるから、標準仕様は変更だ!」

などとノリだけで仕様を決定してしまうことは、昔から少なくなかったようです。ノリで決定した場合でも、選んだ人の判断が間違っていなければいいのですが、間違っていたら最悪ですよね……。

さらに、よくあることなのですが、社長や上司がノリで決めた仕様には「アメリカでは、今○○が流行っている」「東京の○○のような仕様を取り入れよう」といった具合に、トレンドをいち早く取り入れようとする姿勢が見られるパターンが多いです。それは間違っているわけではありませんが、実は正解でもないのです。

「トレンドを取り入れないと、時代に取り残されるじゃないか」と思う人も多いかもしれませんが、そう思った方々に、私から意地悪な質問です。皆さんの会社がある地域で、トレンドの仕様を自社の標準仕様に取り入れたとして、成功するでしょうか? 「いや、〝絶対に成功する〟とは言い切れないけど……」と思いませんでしたか?

では、もう1つ質問です。「絶対に成功する」とは言い切れないとすれば、反対に「絶対に失敗しない」となら言えますか? 「いやいや、〝絶対〟はないよ! やってみないとわからないじゃないか」と思いますよね? まさにそこ、「やってみないとわからない」のがポイントなのです。

多くの会社で、「やらなくてはならないこと」を無視して、「やってみないとわからない」という博打感覚で標準仕様を決定してしまっていることこそが問題なのです。このように標準仕様を安易に決定してしまった結果、他社との差別化も叶わなければ、自社の魅力や顧客満足度の向上にもつながらない状態に陥ってしまうのです。逆に言うと、皆さんの会社の実情に合った標準仕様を設定することができれば、劇的に利益は上げやすくなります。

というわけで、続いてはその会社に合った標準仕様のつくり方について、順を追ってレクチャーしていきます。少々面倒に思えるかもしれませんが、必ずすべての項目を実践し、考え尽くされた「自社の標準仕様」をつくってくださいね。

半年に一度、ターゲットとするエリアを調査すべし

標準仕様をつくるために、まず皆さんに取り組んでいただきたいのは、「**ターゲットにしている施工エリアの調査**」です。この調査を怠る会社は本当に多いです。面倒な作業ではありますが、必ず行ってください。

なかには、「ターゲットにしている施工エリア」がよくわからないという会社もあるかと思います。ターゲットとする施工エリアの考え方は、会社の規模や社員数、主な業務によって変わってきますし、最適な施工エリアの決定に関してはそれぞれの会社の状況などを詳しく把握して判断する必要がありますが、オススメの目安としては自社から車で30分〜1時間以内のエリアです。

なお、本書では「新築」の住宅に関する内容を中心に記していますが、今後は新築住宅の軒数

は減り、建築業界としては「リノベーション」や「コンバージョン」がメインの業務になることが予想されます。その場合には、お客様を新たに集客するのではなく、自社で新築工事を行ったお客様が顧客になる可能性が高いと言えるでしょう。その点でも、短い時間で移動できるエリアに新築のお客様を増やすことが将来的な経営の安定につながることになります。

ですので、新築工事は今後の事業へと結びつけていくための「種まき」でもあるということもお忘れなく！　それゆえ、エリアの人口や世帯数は言うまでもなく、歴史や文化の特徴、コンビニやスーパーなどの情報など、できるだけ多くを知り、語れるくらいに調べてください。

ちなみに、調査に必要な時間は、一人で行う場合には7〜9日間程度です。複数人で行う場合は、7〜9日を人数で割ってください。また、複数人で行う場合には、各人の調査内容が重ならないように、くれぐれもご注意ください。また、連日で調査する時間を確保できれば理想的ですが、それが難しい場合には「1週間に1日」など、ご自身で期間を設定して調査にあててください。

加えて、調査を行う頻度も重要です。半年に一度程度、**定期的に行うことを強くオススメ**します。

市場の動向は常に変化しているので、トレンドも数カ月単位で変化します。このような変化に適応できない会社はドンドン衰退していきます。

たとえば、昔タピオカを売っていたお店が、一時ヒットした過去を信じ続けて、変わらずタピオカを販売していたら、経営が厳しくなるのは当然ですよね？　街をチョッと歩けば数十mごとにタピオカ専門店が立っていたのは、もはや過去のこと。それをわからずに、ズッとタピオカを売りながら「なんでお客様が来ないのか？」と悩んでいるのだとしたら、そもそも前提が間違っているわけです。

大手ハウスメーカーなどでは市場調査を行う専門部署があるのが一般的ですが、私たちも最低限自分たちが闘うエリアだけでも調べておくのは絶対条件です。

まずはネット検索で エリアの「建売住宅」の情報を調べよ

全国津々浦々から依頼が集まる超有名企業や人気企業と違って、私たちのような中小企業は、毎年同じようなエリアからの依頼が多いと思います。そこで、そのエリア内の住宅について、以下の項目を調査してください。

①階数・面積
②仕様・設備・性能
③建物価格

SUUMO	https://suumo.jp/
ホームズ	https://www.homes.co.jp/kodate/shinchiku/

まずは①の階数・面積について。皆さんがターゲットとするエリアには、どんな階数・面積の建売住宅が多いのかを、インターネット検索で調査してください。

ちなみに、競合他社も含め注文住宅の調査をしたいという方であっても、まずは「**建売住宅**」の階数・面積について調査してください。そのほうが、皆さんのターゲットエリアの一般的な階数と面積がわかります。それこそがこの調査の目的なのです。

「え？　建売なんて調べても意味ないでしょ？」「俺たちは、注文住宅の標準仕様をつくりたいんだぞ」と皆さんから怒られそうですが、何よりもまずは面積と階数の調査をしっかり行うことが肝要なのです。

建売住宅は、それぞれのエリアで様々な検討を経て、階数・面積が決定され、建設されています。そして、似たような階数・面積の建物が建てられていることで、必然的に同等の階数・面積の建物が購入されるようになっています。ですから、皆さんのターゲットエリアの建売住宅の階数や面積を調査することで、「**最低限の必要面積・階数**」を把握することができるのです

建売業務を自社で行っている会社の方なら理解いただけると思いますが、多くの建売住宅は地場で売られている住宅の面積や階数、価格を調査して計画されるのが一般的です。だからこそ、ネット検索で皆さんがターゲットとするエリアの建売住宅の階数と面積を調査してほしいのです。

なお、最も調べやすいサイトは上の表に挙げた2つです（別のサイトが使いやすい方

はそちらでもOKです）。これらのサイトにアクセスし、「皆さんのターゲットエリアの建売住宅には何階建てが多いのか？」「何㎡・何坪の建物が多く販売されているのか？」を調べてください。

そして、重要な点をもう1つ。必ず**皆さんのターゲットエリアだけ**を調査してください。実際、調べることが楽しくなり、ほかのエリアの調査まで行ってしまう人が本当に多いのです……。あくまで重要なのは、皆さんが仕事をしているエリアを調べることです。

あえて、チョッと生意気を申しますと、ターゲットエリア以外について調べるのは、会社が大きくなって、エリアが広がってからにしましょう。先ほどの標準仕様をノリで決める話と同様に、ここでは「アメリカでは」「東京では」などと別のエリアを調べても意味がありません。皆さんが闘うエリアの調査をすることこそが重要なのです。

ネット検索のあとには現地確認も行うべし。対話型生成AIも使って効率よく

ちなみに、コンサル先の会社さんに「ターゲットエリアの階数や面積を調べましょう」と伝えた際に、かなりの割合で言われることがあります。それは、こんなご意見です。

「ある程度の面積や階数は、**経験や感覚でわかっているから大丈夫**です！」

ですが、もしわかっていたとしても、1時間でも構いませんので、調べてみてください。もし皆さんの感覚や知っている情報が間違っていた場合には、非常に重要な発見になると思います。

一方で、併せて注意いただきたいのが「ネット検索の調査結果を鵜呑みにしない」ということです。サイトによっては、会社や個人から広告費用を頂戴することで検索結果が上位にくるように表示する場合もあります。ですので、ネット検索の調査結果は、現在の「傾向」程度として認識するのがいいと思います。

それから、ネット検索をしたあとには、必ず実際に**ターゲットエリアを車や徒歩で見て回って**みてください。

ネットの調査をもとに「○階建てが多い」「○○○㎡、○○坪の建物が多い」といったことを認識してから、実際にターゲットエリアを自分たちの目で見て確認する。この順番が大事です。

ネット上の情報は、その時点で販売予定の建売住宅を調査しただけのものです。たとえば、検索した情報に「2階建て・30坪程度の家の情報」が多かったとしても、たまたまこうした大きさの建物が同時期に販売されているだけの可能性もあるため、実際に現地を確認してほしいのです。ただし、この調査に関しては、詳細情報を突っ込んで調べるところまでは必要なく、ターゲットエリアの状況を確認する程度で構いません。

この「階数・面積」を調べる調査は時間がかかるのですが、作業を圧倒的にラクにしてくれるのが、「**ChatGPT**」と呼ばれる対話型生成AIです。自社でChatGPTを購入している人は、ぜひこの作業に活用してみてください。

ここで、ChatGPTについて簡単に説明しておくと、チャットをＡＩ（人口知能）と行えるツールです。ＡＩと聞くと抵抗がある方は、ＡＩを「自分よりも頭が良い人」だと思ってください。そんな自分より頭が良い人にウェブ検索をしてもらって情報を教えてもらうだけでは、もったいないですよね？　ぜひ様々な会話をしてみてください。たとえば私が住んでいる群馬県前橋市の調査であれば、「群馬県前橋市で新しく家を建てようと考えているけど、将来的に売却できる家の階数を教えて」などとチャットで聞くと、それなりの答えを出してくれます。

しかし、そのような質問に対して皆さんが希望する答えを明確に答えてはくれません。ＡＩは「自分よりも頭が良い人」である一方、「指示待ち人間」だからです。わかりやすい指示や明確な質問をしなければ、求めている答えにはたどり着けません。

だからこそ、ChatGPTに質問して答えをもらったら、その答えに対して再度質問をするというように会話を続けることが必要です。会話を続けることで新たな発見や気づきが得られ、その発見や気づきをさらに会話で広げて新しい情報を得る。それがChatGPTの魅力を引き出す使い方だと思いますので、ぜひとも皆さんもそうしたやり方で活用してください。

ちなみに、調査を正確に行うなら、**最新版**の利用がオススメです。２０２４年６月現在の最新版は、２０２４年5月にリリースされた**GPT-4o**（GPT-4 Omni）です。GPT-4oは限られた利用回数であれば無料で使えますが、積極的に活用するのであれば、有料版にしたほうがいいでしょう。

前モデルのGPT-3.5だと、無料で使えるうえ利用回数にも制限はありませんが、２０２２年１月までの情報についてしか答えてくれないので（２０２４年6月現在）、トレンドを追うことが難しくなります。

GPT-4oで調査する際には、「○○県の住宅の最新トレンドをウェブ検索して具体的な例も踏まえて詳しく教えて」と質問すれば、ＡＩが勝手にウェブ検索をして、質問に適したページを見つけ、さらにはページの内容を要約して皆さんに教えてくれます。とても便利ですよね？

今後ネット上で調査を行ううえでは、ＡＩをいかに効率よく使って作業を進めるかが重要になります。こうしたChatGPTのようなツールをうまく活用してくださいね。

競合となる可能性のある会社も対象に含め、仕様・設備・性能を調査

次に、②の**仕様・設備・性能**を調べましょう。
方法は、階数・面積と同様、ネット検索と現地確認で調査していきます。まずは、177ページに記載したサイトなどをもとに、注文住宅のページを確認してください。そして、皆さんのターゲットエリアで競合他社がどんな建物をつくっているのかを調べていくのです。
この方法については、しばしばコンサル先の会社の方から「住宅サイトで検索する必要あるの？　自社の競合相手に絞って調べればいいのでは？」といったご意見をいただくことがあります。しかし、あえて住宅サイトを使って検索することをオススメしているのには理由があります。

この作業を行うことで、**皆さんが「競合」だとは思っていなかった会社や、知らない会社が「競合」であることに気づける可能性**があります。

だからこそ、〝今〟の調査を行う必要があることをお伝えしたいのです。すでに競合相手だと認識している会社と、今後競合になる可能性のある会社をすべて「競合となる会社」と認識して調査をすることが大きなポイントなのです。

さらに、注意が必要なのは、あくまで調査の対象は「皆さんの競合となる会社」なので、**大手企業は除外しても構わない**点です。住宅サイトで注文住宅の情報を調べると、おそらく大手ハウスメーカーが検索上位に上がってくると思います。しかし、私たち中小企業がそのような大手と同じことをしたとしても、残念ながら絶対に勝ち目はありません。大手と同じことをして勝てるのは、同じような資本や従業員を持っている会社だけなのです。

「別に勝たなくてもいいんだよ！　会社がつぶれなければ」と考えた人は、認識が甘すぎます。今まさに建築業界では大手の影響力が強くなってきています。だから、私たち中小企業は、大手や他社とは違う特徴を明確にアピールしていかなければ、「**大手企業の下請け**」を請け負うだけの企業に成り下がってしまいます。

「大手の下請けで生きていけるのなら問題ないよ！」と思っている人が本書を読んでくださっているのでしたら、たいへん申し訳ございませんが、ココで読み進めるのをやめていただいたほうがいいかもしれません……。

これからの時代、私たち中小企業は大手と異なる方法で生き抜かなくてはなりません。

これは、大手企業に勤務する方であっても無関係な話ではありません。会社が示した方法だけでは、今後の建築業界を生き抜くことは難しくなりつつあるのが現状です。ChatGPTなどをはじめ、多くのAIが様々な仕事を奪っていくことも考えられるからです。

そう遠くない未来、間取りや設計図面をAIが作成するようになることは想像できるかと思います。ChatGPTなどを普段から使っている人であればおわかりでしょうが、AIはもの凄い勢いで進化していますし、私たち人間がAIを使って行えることもどんどん拡大しています。

だからこそ、私たちはAIでは行えない業務を行う必要があるのです。

と、話が少々脱線しましたが、あくまで調査の対象となるのは、**皆さんと同じ規模の会社**です。それらの会社の仕様を調査して、どんな建物をつくっているのかを認識することが重要です。よって、皆さんの会社よりも大きな会社やハウスメーカーなどは調査から除外していただいて問題ありません。

よくわかったよ！　よし、調査するぞ……と調べ始めた矢先、多くの人が戸惑うことがあります。サイトで他社の仕様を確認したくても、完成写真などからしか判断できないという状況です。

ですが、安心してください。すべての仕様を把握する必要はなく、ポイントだけで構いません。たとえば「外壁はサイディングなのか？　モルタルなのか？　木材なのか？」「床はフローリングなのか？　タイルなのか？」といった具合に、プロの皆さんであれば決して難しくはない、大まかな把握で問題ありません。同様に、キッチン、浴室、トイレなどの仕様も調べてください。

そして、何度も言いますが、「皆さんのターゲットエリア」の仕様を調査することが大事です。概して多くの人が、都心部（特に東京）で人気の仕様やデザインを自社の標準仕様に取り入れようとします。それも大きくは間違っていないのですが、皆さんのターゲットエリアで、都心部で人気のある仕様を取り入れても、絶対に売れる保証はありません。都心部で人気の仕様が自分のターゲットエリアでも人気が出るという考えは、ギャンブル性が高いのです。

だからこそ、まずは皆さんのターゲットエリアで今取り入れられている仕様を把握し、そこからアクセントとして変更する程度で標準仕様を設定することを強くオススメします。

そしてここでも、ウェブ調査にはChatGPT-4oをぜひとも活用ください。「○○社で使われている外壁をウェブ検索して教えて」や「○○社で使われているフローリングをウェブ検索して具体的なメーカーを教えて」などと質問すると、ウェブ上に情報が載っている会社であれば、ＡＩが勝手に調査して教えてくれます。本当にスゴイですよ！

競合他社の調査は、時間をかけてシッカリと。強い味方 ChatGPT-4o の質問方法も工夫しよう

最後は、③**建物価格**の調査です。皆さんのターゲットエリアでの建物価格を調べましょう。

ページで紹介した住宅サイトなどで坪単価を確認し、金額を把握してください。

ここでも、②仕様・設備・性能のときと同様に、「大手企業の坪単価は参考にしない」ようご注意ください。皆さんと同じ規模の会社が、どの程度の坪単価でサイトに記載されているのかを確認することが重要なのです。

また、ココでの調査では「坪単価」を知るだけでOKです。建物全体の価格などは調べなくて構いません。

ここまでの作業で、皆さんのターゲットエリアの競合相手がどこなのかを認識できたと思います。次は、いよいよ競合相手の仕様と金額を徹底的に調べます。大きな声では言えませんが、自社に訪問したお客様が競合他社の標準仕様を持っていれば、ぜひゲットしてください。あるいは、競合相手が住宅展示場などに出店していたり、自社のモデルルームを持っている場合は、様子を見るために人を送り込むのもアリかもしれません（あまり大きな声では言えませんが……。常識の範囲内でお願いします）。

また、そうした情報についてもChatGPT-4oで調べることができます。

「○○県の注文住宅の価格をウェブ検索して教えて」「○○社の注文住宅の平均価格をウェブ検索して教えて」など、ＡＩに調査してもらうことで、かなりの時間短縮になります。

ちなみに、実際にＡＩを使って調査をしたコンサル先の会社様から、「GPT-4oを使って調べたけど、知りたい情報が出てこなかった」「間違った情報を教えられて、迷惑なんだけど……」といった感想が出ることもありました。

そうなんです。ＡＩの使い方にはコツがあります。ＡＩは私たち人間よりも正確な情報を確実に与えてくれますが、必要な情報を得るためには「質問の『質』」が非常に重要となるのです。質問の文言が変だったり、指示の仕方が大雑把だったり、文面が長すぎて何を教えてほしいのかがわかりにくかったりしませんか？　私たちだって、相手の質問の意味がわからなかったり、何が聞きたいのかが明確でない質問をされたりした場合には、返答に困ることがありますよね？ＡＩも同じですし、むしろ私たちよりも真面目で融通が利きません。ＡＩは〝クソ真面目でピュアな物知りアドバイザー〟なのです。

ここまでChatGPTを便利な検索ツールとして紹介してきましたが、ChatGPTは単なる検索ツールではありません。対話型ＡＩと言われるようにChatGPTと対話することを意識してください。だからこそ、正確に質問してあげることが重要なので、様々な質問を工夫しながら投げかけて、試行錯誤しましょう。

では、ここまで説明したやり方で、まずはシッカリ調査を行ってください。短時間でパパッと調査したくなるかもしれませんが、時間も必要です。焦らず確実に調査をすることが、間違いのない標準仕様をつくるカギとなりますので、頑張ってください！

以降では、調査を行ったあとに何をすべきかについてお伝えしていきます。

自分たちで完結できる会社になるためには、自社の標準仕様の考察が必須

ここまでは、競合相手の標準仕様を把握するためのエリア調査のやり方を紹介してきました。続いては、この調査で得た情報をもとに、皆さんの**自社の仕様**を考察する段階へと進んでいきます。

ちなみに、エリア調査を行ったことで、ターゲットエリアの競合相手の仕様が理解できたのと併せて、**デザイン**や**性能**についても多くの情報が得られたのではないでしょうか。これからの時代、特に注文住宅の業界では、デザイン・性能の両方を重視した建物をつくらなければ確実に生き残れないと言っても差し支えないと思います。

「そんなことないでしょ！　デザインだけのオシャレな建物をつくって、問い合わせがガンガンきている会社を知ってるよ。性能なんていらないよ」「いやいや……ウチの競合会社で、高性能住宅をウリにして2年待ちの施工店とかあるよ！　デザインを考えるなんて無意味だよ」といった意見をいただくことがあるのですが、結論から言います。

今成功している企業の真似事をしていても、私たち中小企業は生き残れません！

厳しいことを言っているように聞こえるかもしれませんが、事実です。自社だけで完結できるように考えていかなければ、今後の建築業界、さらに住宅業界ではかなり厳しい未来が待っています。

ここで話が少々脱線するのですが、弊社で経験した実話をお伝えします。

東京には飯田橋という場所があります。JR飯田橋駅は多くの人が通勤・通学に使う主要駅で、その周辺には**印刷工場**が多いことをご存知でしょうか？　理由の1つが、飯田橋に「凸版印刷株式会社」という大手の印刷会社があることです。日本の印刷業界で屈指の業績を誇るこの会社から、多くの仕事が近隣の印刷工場に発注されるため、飯田橋周辺には印刷工場が多かったのです。

しかし……近年は紙での印刷が減り、デジタル書籍の販売が増えたため、凸版印刷自体も経営方針を変更し、画像認識の技術の開発など、ITを取り入れた戦略を打ち出しました。つまり、**時代が変化したことで、大手の経営方針も変化した**というわけです。

当然ながら、下請けの印刷工場への発注も激減し、この変化への対策が打てずに廃業する会社が次々と出てきました。なかには、凸版印刷の経営方針に異議を申し立てる会社もあったそうです。

このような事情を私が知ったのは、飯田橋にある不動産業者から「倒産する印刷工場の跡地にマンションを建てたいから、設計・デザインをしてほしい」との依頼を弊社にいただき、建築コンサルとして様々なお手伝いをしたからです。

倒産予定の会社には借金があることが多かったため、少しでも高く自社の土地を売却したかったと思います。しかし、実際は不動産業者の言いなりで、地場の価格より低価格で土地の売買が行われたことも多々ありました。

こう聞くと、一見、不動産業者側が悪者のように思えるかもしれませんが、私の意見は違います。不動産業者も、仕事で土地の売買を仲介しています。なかには無理やり交渉を進めた人もいたとは思いますが、それでも問題の根本は会社が倒産に追い込まれるほど衰退させてしまった印刷会社の経営者側にあるのではないでしょうか。

建築業界にも、この印刷業界と似た状況が待ち構えています。

多くの方がご存知のとおり、すでに日本では住宅が十分に存在している一方で、少子高齢化で若年層の人口が減っています。そして、30年間にわたって経済状況には明るい兆しが見えません。こうした理由から、今後は新築住宅の需要が減少していくことが予想されていますが、これは「予想」ではなく、必ず「現実」になる問題です。

このような現状は、たとえば昔のトヨタやパナソニックのように、世界に対して先進的な商品を発信できるような企業が今後日本に出てくるとか、海外から日本に移住する人が増えて日本の人口が増えるとか、そうしたことが起これば変わるかもしれません。しかし、もし仮にそうなったとしても、倒産してしまった飯田橋の印刷会社のように〝受け身〟では何も変わりません。仕事がもらえなくなってから、「ずっと頑張ってきたじゃないですか」「何度も無理難題を請け負ってきたじゃないですか」と元請け企業に訴えたところで無駄なのです。

むしろ、凸版印刷がそうしたように、業界の流れがデジタルに変わっているのであれば、方針を転換し、自社の経営や社員を初めに守るのが、一般的な企業のあり方です。自社の経営や社員を捨ててでも下請け企業を守る会社は多くないことを、肝に銘じておいてください。

というわけで、話が長くなりましたが、建築業界は変化のさなかにあります。そのために、私たちも下請けに留まらずに、自社で完結できるように考えて仕事をしていかなければなりません。このような時代だからこそ、良い建物をつくって自社ブランドを確立することで、地域でマウントを取れる企業になることが重要なのです。

断熱・気密・耐震性能は、今やこだわって当たり前！

では、いよいよ自社ブランドを考案する方法についてお伝えしていきます。

標準仕様を決定し、自社ブランド確立するために重要な2つの項目はコチラです。

①性能・機能

②デザイン

まず、1つ目の「性能・機能」についてお話しします。わかりやすく言うと、家の断熱材や屋根・窓・外壁なども含めた**断熱性能**と、家の気密を考慮した**気密性能**、さらには「地震に強い家」として考えられる**耐震性能**のことです。

ちなみに、個人的には、**性能・機能は最高ランクに**することがオススメです。

もちろん、シッカリと利益が残せて、ターゲットとしている顧客が購入できる価格に見合うことが前提ですが……。

事実、弊社でコンサルをしている会社では、建売住宅であったとしても、断熱・気密・耐震性が最高ランクの住宅も販売されています。建売住宅で最高ランクの商品があるにもかかわらず、注文住宅が性能や機能を意識しない標準仕様では、完全に負け戦です。

性能や機能にコダワリのある会社は多いと思いますが、断熱・気密・耐震性能を意識するのは、今や特別なことではなく、現状では当たり前のことなのです。性能面・機能面に関心のない人がいたら、今すぐ考えを改めてください。

競合他社がよく採用しているデザインに自社のスパイスをプラスしよう

そして、標準仕様の設定や自社ブランドの確立のために重要なもう1つの項目が「デザイン」

です。ここでは、独創的で目立つデザインやオシャレでカッコいいデザインではなく、**「売れる可能性が高いデザイン」**を採用することが大事です。

まずは、エリア調査の結果をもとに、競合他社がどのようなデザインの家をつくっているかを確認してください。あくまで皆さんのターゲットとなるエリアの競合他社のデザインだけに注目することが大事です。様々なデザインを確認できると思いますが、その中で**「多く採用されているデザインを選ぶ」**ことをポイントに、自社のデザインの方向性を決めましょう。

「新しい標準仕様をつくろう」と考える際には、すでに人気のある家とはまったく別の新しい仕様やデザインを自社で取り入れようと考えてしまうのが人間です。あるいは、新たなチャレンジはしないという人も多いです。

しかし、確実に利益を生む標準仕様にしたいのであれば、そうした感情は捨て、時間をかけて行ったターゲットエリアの調査結果に沿ってデザインを決めてほしいのです。

もし、皆さんが現在提供している家のデザインが「ターゲットエリアで多く採用されているデザイン」と似ている場合は、デザインを変更する必要はありません。逆に、調査した結果、自社のデザインとは異なるデザインを競合他社が多数つくっていることがわかった場合には、自社のデザインを変更する必要があります。重要なのは、ターゲットエリアを調査した結果、人気がありそうとわかったデザインを選択するということなのです。

一方で、調査結果を見たコンサル先の会社様からは、次のような相談をよく受けます。

「調査したら複数のデザインが出てきて、どれを選んでいいかわからない……」

「似たようなデザインの家を自社でつくっても、他社に勝てる気がしない……」

大丈夫です！　ここから皆さんが考えて、勉強して、自社の標準仕様とデザインに〝スパイス〟を加えるのです。結論から申し上げると、**「デザインカテゴリー」**を選んでほしいのです。

たとえば「モダンデザイン」「ラグジュアリーデザイン」「ボタニカルデザイン」といったふうに、デザインを項目（カテゴリー）で分けて、名称を付けたものを選択しましょう。加えて、調査した競合他社の中で、皆さんが最も魅力的だと思ったデザインカテゴリー、あるいは最も多くの会社が採用しているデザインカテゴリーを選んでください。

しかし、そう言うと、多くの方から次のような声をいただきます。

「似た感じのデザインカテゴリーを選ぶだけじゃ、他社の真似事では？」

「デザインカテゴリーの分け方がわからない……」

無問題《モウマンタイ》です！　そもそもデザインとは、ベースとなるものがあり、そこから新しいデザインを構築するのですから。「真似事」から皆さんの会社に適したデザインになるようカスタマイズしていきましょう。

また、カテゴリーの分類方法がわからない方は、74ページでも紹介した、私、アミーゴ小池のピンタレストをご覧ください。そこに用意されているデザインカテゴリーと、皆さんが調査した他社のデザインを見比べて、似たカテゴリーの画像を選んでください。つまり、次のことをやってほしいのです。

①調査した競合相手のデザインを認識する
②競合デザインと似たものを、74ページのデザインカテゴリーから選択する
③皆さん自身のピンタレストに、気になった画像を保存する

ぜひ、外観と内観の写真を合わせて、最低限100〜150枚はピンタレストに保存してください。そして、それらの画像から、次の3項目についてチェックしましょう。

①素材・色の組み合わせ

競合他社の家の外観・内観で、「複数の素材や色が使われているのか?」「どのような組み合わせでつくられているのか?」を確認しましょう。その結果をもとに、その素材や色以外の組み合わせがないかどうかをピンタレストから見つけてください(それを「自社のデザイン」として取り入れるといいでしょう)。皆さんが「いいな」と思った素材や色を見つけることが目的なので、魅力を感じた画像をどんどん集めてください。

②外観の形状

競合他社とは異なる魅力的な外観や、気になった外観の形状を確認してください。そうしたものが見つかったら、保存しておきましょう。

③内観のデザイン

フローリングの幅や色、内壁や天井の色や素材を確認し、さらに窓からの光や照明計画など

もチェックしてください。

これら3項目をチェックする目的は、皆さんの標準仕様に加える〝スパイス〟をつくる際のヒントを見つけることにあります。他社と同じ仕様やデザインで同じ家をつくっても、最終的には価格勝負になるだけですが、デザインで標準仕様を差別化できれば、皆さんの会社のブランドが徐々に確立されることになります。

標準仕様のデザインの言語化に必要なデザインコンセプト

続いて行うのは、「**デザインコンセプトの設定**」です。「デザインカテゴリーをある程度決めたのに、今度は『デザインコンセプト』ってどういうこと?」「そもそも、デザインコンセプトって何……?」と思っている人もいるかもしれませんね。

デザインカテゴリーというのは、簡単に言うと「デザインの種類」です。シンプルモダンやラグジュアリーデザイン、ボタニカルデザインなど、様々なカテゴリーが存在しますが、これらの用語はデザインの種類を分けるために、あるいはトレンドをわかりやすく他の人に伝えるために、無理やり考え出された用語なのです。

また、このデザインカテゴリーについては、次のようなことがしばしば起こります。

たとえば、エリア調査の結果、皆さんのターゲットエリアの競合相手の間で人気だったデザインが、ピンタレストでは「シンプルモダン」に類するようなデザインだったとします。そこでピンタレストから「シンプルモダン」というデザインカテゴリーの文言だけを頭に入れて画像を探していくと、「この画像はシンプルモダンなのか？」「シンプルじゃなくて、チョッと和モダンなんじゃないか？」「そもそも、シンプルモダンって何だ？」といった状況に陥ることがあります。

シンプルモダンに限らず、デザインカテゴリーというものには明確な区分けがあるわけではありません。シンプルな建物がすべて「シンプルモダン」なわけではありませんし、モダンな建物がすべて「シンプルモダン」というわけでもありません。「何となく、シンプルモダンでいいんじゃない？」といった曖昧さで分類されています。
別の例で言うと、「カッコいい」「かわいい」といった言葉にも似た側面があります。
たとえば、右の画像を皆さんはカッコいいと感じますか？　かわいいと感じますか？

多くの人が「カッコいい」と感じるのではないかと思うのですが、私は少なからず「かわいい」とも感じます。このように、「カッコいい」「かわいい」は主観による判断が中心で、人によってその境界線は違うはずです。それと同じで、デザインカテゴリーも区分けがシッカリあるわけではないのです。だからこそ、デザインカテゴリーという言葉に惑わされるのはNGです。デザインカテゴリーは、ターゲットエリアでどんなデザインが多いのかを検討するための手段にすぎません。

一方で、会社のブランドや標準仕様を設定する場合に重要となるのが「**デザインコンセプト**」です。デザインカテゴリーは、皆さんの会社の標準仕様の方向性を決めるための手段であるのに対し、デザインコンセプトは、皆さんの会社の標準仕様のデザインを「言語化」するために必要となるものです。

世界の一流ブランド「プラダ」に学ぶ、デザインコンセプトの重要性

まだチョッとわかりにくいと思うので、例を挙げながらお話しします。

デザインコンセプトの重要性について説明する際によく取り上げられるのが、高級ブランドの「PRADA（プラダ）」です。一般にプラダと言えば、高級ブランドとしての地位を確立しているの

で、「絶対的にいい商品である」との認識を持つ人が多いと思います。ですが、実はそのプラダも、初めからブランドとして成功していたわけではありません。

プラダは、1913年、ミラノで誕生したブランドです。創業者はマリオ・プラダとマルティーノ・プラダの兄弟で、創業当初は「Fratelli Prada（プラダ兄弟）」という名前で高品質の革製品などを取り扱っていました。その頃から高級路線で、高所得者の顧客を持つことで知られていました。

1960年代に入ると、マリオの孫娘にあたるミウッチャ・プラダが事業を引き継いだのですが、その頃にはプラダの売り上げは低迷していて、再構築が必須の状態でした。そこでスゴかったのが、ミウッチャです！　彼女は、当時プラダが向き合っていた困難を克服し、ブランドの再構築を成功させました。1980年代にレディースウェアコレクションを立ち上げ、その独自のデザインと質の高さで注目を浴びます。さらに1993年には新ブランド「Miu Miu（ミュウミュウ）」を設立し、より若い消費者に向けたファッションラインをスタートさせました。今ではプラダもミュウミュウも、その洗練されたデザインと品質の良さで世界中のファッション愛好家から高く評価されています。

さらに2000年代に入ると、プラダは世界各地に店舗を展開し、特にアジア市場での成功を収めました。

そしてもう1つ、プラダはファッションだけでなく、アートとデザインの分野でも一貫して影響力を発揮してきました。1995年には、ミウッチャと彼女の夫であるパトリツィオ・ベルテツリが、コンテンポラリーアートと文化を支援することを目的として「プラダ財団」を設立しました。

このように、プラダは、一時経営が傾いたものの、一人の経営者であるミウッチャが新たな挑戦で危機を乗り越え、さらには自国周辺だけでなくアジアにまで展開することで、現在の地位を確立したのです。

そして、ココで重要なのが**「デザインコンセプト」**なのです。

プラダのコンセプトは、次の4つの特徴で表されています。

①革新的なデザイン

ミウッチャ・プラダ独特の視点から生み出されるデザインは、美学的、社会的、文化的な要素が巧みに組み合わされており、プラダのコレクションは常に新鮮で時代を反映したものとなっています。

②洗練されたエレガンス

ブランドのデザインは、シンプルでありながらも豪華さを感じさせるもので、そのバランスはプラダが持つ独特の魅力の一部です。

③社会的な洞察力

プラダは社会的な洞察力をデザインに組み込むことで評価されています。ミウッチャ・プラダは、その作品を通じて時代の問題を提起し、社会的な議論を刺激しています。

④アートとのつながり

プラダはアートと深く結びついています。「プラダ財団」を通じて、コンテンポラリーアートのプロジェクトを支援し、展示しています。これにより、プラダはファッションだけでなく、より広い文化的な文脈にも根ざしています。

このように、自社の商品が「どのような考えで、どんな歴史をたどり、どのように考えられてつくられたのか？」ということを表現するのが、デザインコンセプトです。

話を戻すと、皆さんがエリア調査を通じて選んだ建物のデザインが、たとえカッコよく、かわいく、自信が持てる標準仕様を備えたものであったとしても、単なる〝他社の借り物〟でしかないものだとしたら、売れることはありません。

プラダのような大きなコンセプトを設定する必要はありませんが、自社のコンセプトがどのようなものかについては、必ず考えてください。

お客様が納得できる情報をブレずに説明できれば、デザインコンセプトになる

とはいえ、イキナリ「デザインコンセプトを考えろ」と言われても、どうすればいいのかわか

らないですよね。

でも、実は簡単です！　ポイントは「**標準仕様の言語化**」にあります。

①**ナゼ**その素材を標準仕様にしているのか？
②**ドノヨウニシテ**標準仕様の設備を選んだのか？

この2つを説明できればいいのです。

「弊社のフローリングは、○○メーカーの○○です。なぜ、このフローリングを標準仕様に選んでいるかというと、○○であって、○○だからです」

「また、外壁は○○メーカーさんと○○メーカーさんの外壁材を採用しています。デザインがいいということに加えて、○○デザインを採用した、性能の良い家を増やすことで、○○県がより良い地域になると私たちは考えているのです」

こんなふうに、標準仕様の特徴を説明しながら話せれば、それで問題ありません。

「弊社の標準仕様はコレです」と一覧表だけが記された用紙を渡されるよりも、魅力がシッカリと説明された情報を伝えてもらえるほうが、お客様としても納得できると思いませんか？

プラダの商品を真似たバッグが無名の店から販売されていたとしても、本家のようには売れないだろうことは容易に想像がつきます。しかし、そのバッグのデザインが考え出された経緯やつくり手の考え方、さらには素材や性能の話がキチンと説明されていて、それが共感できる内容だったなら、無名の店だったとしても興味が湧くのではないでしょうか？

つまり、「デザインコンセプト」には、**お客様が納得できる情報をブレずに説明できること**が必要なのです。

説明がチョッと長くなってしまいましたが、ココまでのプロセスが完了すれば、標準仕様を設定するために必要な情報や資料がすべてそろったことになります。

では、続いては、この集めた情報や資料を、さらに皆さんの会社用にカスタマイズしていく方法をお伝えします。

過去5年間の顧客情報を細かく調べよう。特に「トラブル事例」は貴重な手がかり

ここでは、顧客分析の方法についてお話します。まずは、皆さんの会社を訪れた、現在から過去5年間のお客様の情報を分析してください。
年齢、家族構成、予算、希望面積、好みのデザイン、求めている性能などは、お客様に応じてそれぞれだと思います。これらの情報は、提供する商品やサービスがどのようなものであるべきかを示す貴重な手がかりになります。
「え？　5年も前のお客様の資料なんてないよ」

「ただ来店されただけのお客様には、アンケートなんて取ってないよ」

このような工務店さんも多いのですが、できる限りの資料を探し、調査し、整理して、来店されたお客様の傾向をつかんでほしいのです。

お客様の年齢や家族構成を把握することは、お客様が何を求めているか、どんな生活を送りたいと考えているかを理解することにつながります。たとえば、若い夫婦や子育て中の家庭では安全性や教育環境に重きを置く可能性が高い一方で、高齢の夫婦なら利便性や介護のしやすさなどを求める傾向があるでしょう。お客様の傾向を把握することで、よりターゲットに合った商品やサービスを提供できるようになります。

もし仮に、皆さんの会社に過去5年間で高齢のご夫婦が多く来社されていることがわかった場合には、会社に高齢者に好まれる特性があるということです。このように会社の特性をつかむうえで、「ナゼ今までのお客様は自社に訪れてくれたのか？」を分析することが重要です。

また、お客様が設定する予算や希望面積、デザイン、性能などの具体的な要求も重要な情報源となりますので、これらを適切に分析し、さらに先述のエリア調査によって判明した「ターゲットエリアで販売されている注文住宅の価格」と照合していくことで、価格設定の重要な手がかりが得られるでしょう。

さらに、もう1つ重要なのは、過去5年間に起こった、お客様とのトラブルを詳細に調査することです。チョッと変な言い方になるかもしれませんが、**トラブルは最も重要な情報**だと言っても過言ではないくらいです。自社の運営状況を客観的に評価する点で、非常に有効な作業になります。

トラブルを明確に認識し、それを解決するための策を考えることができれば、顧客満足度の向上にもつながります。さらには、皆さんがターゲットエリア内で提供する建物のクオリティーを高めることも可能となるでしょう。

トラブルの内容を調査することは、自社の損失を軽減することにも役立ちますが、ココではまず「標準仕様」を変更することでトラブルを回避できるようにならないかを考えてみてください。

また、お客様とのトラブルを未然に防ぐために、過去の事例を分析し、原因と対策を明らかにしておくことも大切です。設計・施工業務でよく起こるトラブルとしては、「完成予定日の遅延」「予算超過」「品質に対する不満」が挙げられます。そこで、皆さんが検討している標準仕様で対策を講じておくことで、それらを予防することができます。具体的には、次のような対策が考えられます。

①完成予定日の遅延

標準仕様を作成し、それぞれの仕様を顧客に明確に説明し、顧客の理解を深めておくことで、設計期間の短縮、と工事中の素材や設備に関する認識違いを軽減できます。

②予算超過

標準仕様を魅力的に表現できれば、顧客はその中から家の仕様を選択してくれるようになるので、予算超過を防げます。予算超過はオプション工事や標準仕様から逸脱した商品を顧客が選んだ場合に起こることが多くなるため、標準仕様を魅力的に表現できるよう言語化に努めましょう。

③品質に対する不安

標準仕様を明確に言語化し、説明した内容を顧客の記憶に刻みつけることに成功すれば、品質に関するトラブルは軽減できます。施工不備に関しても、特殊な仕様を標準仕様に採用しないことで対策しておくことが可能です。

このように、来社したお客様の情報やトラブルの内容を分析し、「そうしたトラブルを防ぐことができる仕様になっているか？」といった視点から作成した標準仕様を再度検討し、必要に応じて改善していってください。

「来社してほしい顧客」のペルソナを設定し、具体的な標準仕様の作成しよう

前項では「来社・来店したことのあるお客様の情報」を分析しましたが、続いては「新しい標準仕様を作成した後に、皆さんが来社してほしいお客様像」を想定する作業を行います。そういったお客様を思い浮かべながら、すでに作成した標準仕様が適切かどうかを考えていきましょう。

その際には、「すでに自社に来たことがあるお客様」と同じタイプのお客様を今後もターゲットにしていきたいという会社もあれば、別の顧客を設定する会社もあると思います。どちらであったとしても、「来社してほしい顧客像」を具体的に想定してみることから始めてください。来社してほしい顧客を想定し、その顧客の要望を理解することが、商品の成功を左右するからです。

建築の世界に限らず、商品の開発にあたっては、顧客のニーズやライフスタイルを理解し、それに合った商品を提供することが求められます。近年では多くの商品で、このように顧客を設定してから開発を行う手法を取り入れています。

チョッと勉強したことがある人ならご存知かと思いますが、マーケティングの「ペルソナ」という手法です。調べ出すと小難しいので、ココでは建築に落とし込んで説明します。結論から言うとこういうことなんです。

〝一組の〟お客様を想定するべし！

「え？　多くのお客様に受け入れてもらえるように標準仕様をつくろうとしているのに、〝一組の〟お客様なの？　矛盾してない？」と思いますよね。

ちなみに、これまで多くの施工会社では「ペルソナ」の代わりに、お客様を「ターゲット」として捉えて標準仕様を設定していました。たとえば、こんなふうにです。

- **30～40代の夫婦**
- **建物は２５００～３３００万円程度**

●木造2階建てで、自然素材を好む人が多い

このような「ターゲット」を設定しただけの状態では、具体的にどんな仕様にしたらいいのかがわかりません。一方で、「ペルソナ」を設定する際には、次のように、もっと具体的に設定していくのです。

●夫　：35歳、美容室勤務。年収700万円。趣味は登山
●妻　：32歳、専業主婦。趣味はガーデニング
●息子：3歳、よく体調を崩す。ボールが大好き
●娘　：0歳、夜泣きがひどい

●車はステップワゴンと軽自動車を所有
●自転車は2台（将来的には4台）

●外食は少なく、妻が家で食事を作ることが多い
●休日は家族でキャンプや登山など、自然に触れ合う遊びを好む
●ブランド志向はないが、良い物を長く使いたいタイプ
●家族を大切に考えている夫婦

こんなふうに、実際にいる家族でなくても構わないので、一組のお客様を設定してください。経営などを勉強している皆さんの中には「ペルソナなんて古いんだよ！」と感じた方もいるのではないかと思います。そうなんです……ペルソナはすでに時代遅れと言っても過言ではありません。なぜなら、今はインターネットやSNS、さらにはAIの進化によって、多くの商品やサービスがお客様一人ひとりのニーズに対応できるようになってきたからです。

そのため、ターゲットやペルソナの設定による商品開発はすでに時代遅れとされ、今後はインターネットやSNS、さらにはAIを使って、来社いただいたお客様に合った接客や商品を提供しなければならない時代になっています。

しかし、今回の目的は、あくまで「標準仕様を具体的に設定すること」です。

従来の「ターゲット」を定めるやり方では、「こんな感じ？」というフワッとした標準仕様しか設定できなかったと思いますが、ペルソナを使って「来社してほしい顧客」を設定すると、「この人たちならこんな仕様を好むのでは」と具体的な項目まで判断することができるとともに、「巾木や窓台もこのタイプが好きなのでは？」といったように詳細部分まで考えることができるようになります。

今までは、不特定多数に受けるようにしか設定できなかった標準仕様が、「来社してほしい顧客」を設定することで、より具体的な標準仕様の設定へと変化するのです。さらに、希望面積や予算といった具体的な要素を把握することで、顧客が求める住宅を具現化することができます。

一組の顧客の視点を持つことで、彼らが何を望んでいるのか、どのような価値を求めているのかを理解し、それに応える商品を開発できるようになるというわけです。

さらに付け加えるとすれば、古くさくなった「ターゲット」や「ペルソナ」だけで考えるのではなく、それらとウェブで得た情報を一緒に考えることが重要です。

これまでのところで、すでに皆さんはエリア調査からターゲットエリアの建物の費用や面積・デザインの傾向も把握しているはずですし、皆さんの会社に来ていたお客様の分析もしているので、これらの情報も手がかりになるはずです。

少々面倒に感じるかもしれませんが、皆さんの会社の特徴も踏まえて標準仕様を設定することが本当に大切です。成功した会社の調査方法やマーケティング方法を真似ることも時には大事ですが、「絶対にコノ方法を行えば間違いない！」といったものはないので、自社のエリアの情報と組み合わせることで成功率を上げるのがオススメなのです。

ちなみに、「来社してほしい顧客」の情報の中で特に重要となるのが「**世帯年収**」になります。皆さんがどんなに良い標準仕様を作成したとしても、来ていただけるお客様の年収が低くて契約につながらなかったら、意味がないですよね？　それゆえ、これまでに皆さんの会社に来社されたお客様の年収と、皆さんがターゲットとするエリアでの建物金額の双方の把握が重要だったのです。

いざ、積算へ。利益が出る標準仕様を考えよう

ここまでのところで、ターゲットエリアのお客様が求める面積・デザイン・金額の把握と、今まで皆さんの会社に来社されたお客様の調査、さらには来社いただきたい顧客の具体的なモデルの想定ができました。

これらの内容をもとに、皆さんが考える標準仕様を組み立ててください。

そこでは、次の3点を意識しながら考えるのがポイントです。

①デザインコンセプト

色合いや質感などを集めたピンタレストやウェブを検索して、調査した結果からデザインの方向性がズレないように注意しながら仕様を選択してください。

②施工面積

ウェブ検索で調査した結果や、皆さんの会社に来社したお客様、さらには引き渡し済みのお客様がどの程度の広さの建物を希望しているのかを考えて、仕様を選択してください。

③ペルソナ視点

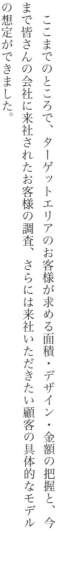

来社してほしい顧客をイメージし、細かなところまで仕様を設定してください。今まで使っていた仕様だから……という選択方法ではなく、来社してほしいお客様なら、どんな仕様を選ぶのかを考え、すべての仕様に関して言語化できるように努めてください。

これらのポイントを意識しながら仕様を組み立てる作業が完了したら、以下の手順に沿って、積算を行いましょう。

①調査結果から導き出された施工面積・階数と同等の面積・階数を有する過去の設計図面を探す
②新しく作成した標準仕様で積算を行う
③出てきた工事費用の「原価」と、皆さんの会社の「利益」を足した金額が、調査した顧客の予算金額と合致しているかどうかを確認する
④③で合致していない場合は、標準仕様の選定をやり直す

このプロセスを繰り返して、**「調査した顧客の予算金額」**と**「原価＋利益＝お客様への提示見積もり金額」**が同じになるようにすることが重要です。しかしながら、工務店経営者の中には、「利益」ではなく「売り上げ」を意識してしまう人も少なくありません。下請け業者への支払いなどに追われることが多い工務店の場合には、売り上げを意識してしまうのもわかるのですが、あく

までこの標準仕様に関しては、必ず「利益」をシッカリ確保した仕様を構築することが求められます。

新しく作成した標準仕様が、前の標準仕様より利益の少ない商品になってしまった場合には、年間棟数を増加させるよう、会社のブランディングや営業、さらにはＳＮＳについて対策を行わなければなりません。対して、利益が高い標準仕様が設定できた場合であれば、一人当たりのお客様への対応時間やサービスメニューを充実させられる可能性があります。

つまり、「カッコいい標準仕様」「売れる標準仕様」「流行りの標準仕様」というだけの仕様では、経営的な視点から見るとダメなのです。利益が出なければ意味がありません。面倒な積算を繰り返すことになるかもしれませんが、根気よく取り組んでください。

ナゼ、ドノヨウニシテを軸に、会社の熱意が伝わるプレゼンを目指せ

ここまでのプロセスを経て、ようやく新しい標準仕様ができました。しかし、実はまだ完成ではありません。次は、皆さんがつくり上げた新しい標準仕様を、皆さんの会社に来社されたお客様にプレゼンしてみてください。

その際に重要なのが、標準仕様作成の際に考えてきたことや標準仕様の特徴を、お客様にわか

りやすく説明することです。そこでは、「競合他社より優れている」「自社だけの特徴である」といったことを強く意識するのではなく、この標準仕様をつくるために行ってきた細かな調査や作業を通じてわかったこと・考えたことを伝えることが大事です。シッカリ説明できれば競合他社との差別化にもなりますし、自社だけの特徴であることは、おのずとお客様に伝わります。

加えて、「**標準仕様への熱意**」を伝えることも重要です。多くの施工店や設計事務所では、自社の標準仕様をA3用紙にまとめ、それを見せながら説明したり、自社に置いてあるサンプルだけを眺めてもらいながら説明して終わり……といった方法を取っていますが、それではダメです！201ページでもお伝えしていますが、次の2つのポイントを意識しましょう。

①**ナゼ**この外壁材（床材、性能など）を選んだのか？
②**ドノヨウニシテ**標準仕様ができあがったのか？

これらのポイントを踏まえたうえでプレゼンすると、次のような感じになります。

「弊社の外壁材はシンプルな外観と低予算を実現するために、〇〇のサイディングを様々な色合いから選択できるように考えています」

「このサイディングは、デザインがシンプルな点も重要なのですが、厚みもあり、薄く安いサイディングよりも耐久性があります」

「さらに弊社でこのサイディングを選んだ最大のポイントは、サイディング同士のつなぎ目です。シンプルなデザインのサイディングは他のメーカーにもあるのですが、つなぎ目が目立ちにくいサイディングは○○のサイディングだけでしたので、弊社の設計と施工技術であれば、より良い建物が建てられると考えて選びました」

どうでしょうか？　**ナゼ、ドノヨウニシテ**を含めて標準仕様の説明がなされていることで、外壁材を選んだ際の会社側の熱意が伝わり、「チョッと気になる外壁材だな」と思えたのではないでしょうか？

来社したお客様には、このような熱意あるプレゼンテーションをぜひ行ってほしいと思います。そして、プレゼンを完璧に行ったあとには、**お客様を観察**することも忘れないようにしてください。

たとえば、シッカリ考えた新しい標準仕様を完璧にプレゼンできたにもかかわらず、お客様の表情が硬い、または契約に至らなかった場合は要注意です。このような場合には、お客様に新しい標準仕様の何がダメだったかを聞いてみてください（生のお客様の声はたいへん貴重です）。こうした行動を、最低半年～1年は続けて、多くのお客様からご意見を集め、集まった生の声をもとに再度標準仕様を考察しましょう。

面倒な作業に思えるかもしれませんが、今はお客様ごとに商品をカスタマイズできるのが当たり前の世の中です。だからこそ、業務が楽になる標準仕様もこまめに変更することが重要なのです。

成果を出せた標準仕様も半年に一度は見直しを

新しい標準仕様で成約が取れるようになったとしても、必ず**半年に一度は標準仕様のカスタマイズを**行いましょう。

これからの建築業界は、今までのように何年も同じ標準仕様で同じような建物をつくって生きていけるような甘い業界ではなくなりつつあります……。建物の形や仕様を変えずに生き抜けるのは、ブランド力があって、その会社のデザインや仕様を気に入って契約するお客様がいる大手企業くらいです。私たち中小企業は、ブランド力で大手企業には勝てない分、お客様ごとにカスタムできて、顧客満足度が上がる商品をつくり続けることで初めて、自社の強みを出すことができるのです。

さらに、ココまで読んだ人の中には、「そもそもカスタムするのが一般的なら、標準仕様なんてつくる必要ないのでは？」と思う人もいるかもしれませんね。実は、その考え方は危険です。というのも、建築業界は変化や進化が遅い業界です。ファックスや電話がまだまだ主役で使われていて、変化を望まず、むしろ変化を拒むことが多いように感じることさえしばしばです。

しかし！　今後は必ず、変化した会社が勝ちます！

ＩＴにスマートフォンの登場、ＳＮＳブームにＡＩの誕生と、多くの業界では、時代の流れに対応して経営方針を変えてきました。廃業する会社の多くは、時代について行けずに倒産するパターンが多いです。

建築業界にも、その時代の波は確実に来ています。今や、私たち一人ひとりがＡＩを使える時代です。ＡＩが設計図面や見積もりを作成し、お客様に適切な物件を紹介する時代も、すぐそこに来ています。

ですので、皆さんの会社の業務の効率を上げるために必要な標準仕様についても、昨今の時代のスピードに合わせて、半年ごとに見直すことを強くオススメいたします。

いかがでしたでしょうか？　皆さんの会社に利益をもたらす標準仕様ができあがることを祈っています。

標準仕様のつくり方

STEP 1 ターゲットにしている施工エリアの調査を行う

▽174〜186ページ

[1] インターネット検索で、ターゲットエリアの建売住宅の**①階数・面積**、**②仕様・設備・性能**、**③建物価格**に関する一般的な相場を調べる

●この2サイトが調べやすい

・SUUMO
https://suumo.jp/

・ホームズ
https://www.homes.co.jp/kodate/shinchiku/

[2] [1]でわかった結果について、以下の方法で検証する

①階数・面積

●実際にターゲットエリアを車や徒歩で見て回り、[1]で得た結果がその通りかどうかを確認

●ChatGPT-4oで調査して、[1]で得た結果がその通りかどうかを確認

〈質問例〉
「○○県の住宅の最新トレンドをウェブ検索して、具体的な例も踏まえて詳しく教えて」

②仕様・設備・性能

●実際にターゲットエリアを車や徒歩で見て回り、[1]で得た結果がその通りかどうかを確認

●ChatGPT-4oで調査して、[1]で得た結果がその通りかどうかを確認

〈質問例〉
「○○社で使われている外壁をウェブ検索して教えて」
「○○社で使われているフローリングをウェブ検索して、具体的なメーカーを教えて」

③建物価格

[1]のインターネット検索により、坪単価を調べるだけでOK

[3] [1][2]の作業によって、ターゲットエリアの競合相手がどの会社なのかがわかるので、**該当する会社すべての仕様と金額を、以下の方法で徹底的にリサーチ**

●該当する会社のサイトを調べる

●お客様が該当する会社の資料を持っている場合はお借りする

●モデルハウスに潜入

●ChatGPT-4oで調査

〈質問例〉
「○○県の注文住宅の価格をウェブ検索して教えて」
「○○社の注文住宅の平均価格をウェブ検索して教えて」

STEP 2 自社の標準仕様の考察を行う ▽187〜195ページ

1 性能・機能を検討する
断熱性能・気密性能・耐震性能とも、利益が残せそうならすべて「**最高ランク**」にするのがオススメ

2 デザインを検討する
STEP 1の調査で「**多く採用されていたデザイン**」に自社なりの〝**スパイス**〟を加えていく

〈やり方〉
①まずはピンタレストに登録
②アミーゴ小池のピンタレストを見ながら、「競合会社の中で最も魅力的に感じたデザイン」「最も多くの会社が採用しているデザイン」がどのデザインカテゴリーに属するかを調べる
③②で該当したデザインカテゴリーの中から、気に入った画像を自分のピンタレストに保存する（最低100〜150枚程度）
④③で集めた画像から「素材・色の組み合わせ」「外観の形状」「内観のデザイン」に関するヒントを得る
⑤④で得たヒントをもとに、自社の〝スパイス〟（ターゲットエリアで人気のデザインに、自社なりのアレンジを加えるポイント）を決めていく

STEP 3 デザインコンセプトの設定 ▽195〜202ページ

「なぜその素材を標準仕様に選んだのか？」「どのようにして標準仕様の設備を選んだのか？」を説明（言語化）できるようにする

STEP 4 顧客分析を行う ▽202〜205ページ

1 過去5年分の顧客情報（お客様の年齢、家族構成、予算、希望面積、好みのデザイン、求める性能など）を分析
- 自社がどの層に強いのかを確認する
- STEP 1で調べ、導き出した「ターゲットエリアで販売されている注文住宅の価格」と照らし合わせ

ながら、これから作成する標準仕様の価格設定を行う

②過去5年間に起こったトラブル（完成予定日の遅延、予算超過、品質への不安など）を調査

●標準仕様の変更によって回避できるトラブルがないかをチェック

STEP 5 ペルソナの設定

▽205〜209ページ

①「来社してほしい顧客像」を想定

②①を「一組のお客様」に落とし込み、プロフィールやライフスタイルなどを詳細に設定する

③STEP 1やSTEP 4で得た情報を参考にしながら、ターゲットエリアの傾向とペルソナに大きなズレが生じないようにする

STEP 6 積算

▽210〜212ページ

①STEP 1から導き出された施工面積・階数と同等の面積・階数の過去の設計図面を探す

②新しく作成した標準仕様で積算を行う

③出てきた工事費用の「原価」と会社の「利益」を足した金額が、調査した顧客の予算金額と合致しているかどうかを確認する

④③で合致していない場合は、標準仕様の選定をやり直す

STEP 7 お客様にプレゼン

▽212〜214ページ

①「ナゼこの素材を選んだのか？」「ドノヨウニシテ標準仕様ができあがったのか？」などを説明しながら会社の熱意を伝える

②お客様の反応を観察。契約に至らなかった場合は、その理由について**生の声**をもらう。その意見を次回標準仕様をつくる際の検討材料にする

おわりに

契約後も家づくりは続く。お客様とのコミュニケーションの重要性も増す

ここまで読んでくださった皆さん、たいへんお疲れ様でした。

本書でお伝えした内容には、今後の建築業界を生き抜いていく上で欠かせない、大切なエッセンスばかりを詰め込みました。また本書では、家づくりにおける「初期」の段階、つまり、**お客様との契約を交わす前の段階**に絞って、プロとして大切なことをお伝えしました。初期の成否を決めるカギとなる、お客様とのコミュニケーションの取り方や、デザインに対する考え方は、会社のあり方にも関わる最重要ポイントでもあるため、そこに内容を絞ったわけですが、当然ながら、契約を結んだあとのプロセスにおいても、より心してかからねばならない局面はたくさんあ

ります。

多くのお客様は、契約後に数百万円もの手付金を支払います。なかには、そのあとに何かしらのトラブルが発生して、解約を申し入れられることもあれば、家を建てている最中に「全然イメージと違った」といったクレームを受けることもあります。ですから、**「契約さえ取れればＯＫ」ということは、決してありません。**

また、会社によっては、そうしたトラブルが起こった際に、お客様に対して「こういうものですから、大丈夫です」などとパワープレイで押し切ってしまうパターンも見受けられますが、これからの時代、それはカナリ危険です！　近年は知識をつけたお客様が多いうえに、弊社のようにセカンドオピニオンを請け負う会社なども増えているので、下手をすると問題が大きくなって、裁判になったり、建て替えしなければならなくなったりする可能性もあるからです。……では、代わりにお客様とどのように関わっていけばいいのか？　本書で学んでくださった皆さんなら、もうご想像いただけるようになっているのではないでしょうか？

本書が皆さんにとって、変化の多い時代を生き抜くための支えとなれば幸いです。

■運営サイト

▷施工店向けサービス「PAKシステム」

「PAKシステム」公式LINE

右記2次元コードにアクセスしてPAKシステム公式LINEに友だち登録すると、PAKシステムのサービスを利用できます。また、PAKシステム公式LINEのトーク画面に下記の言葉を入れると、本書の内容と連動した情報が得られます。

・83ページ

→83ページの画像がカラーで見られます

・シンプルモダン

→Amigoのピンタレストに保存されている「シンプルモダン」の画像を保存したURLへ飛べます（74ページの一覧表に掲載したURLへ簡単にアクセスできます）

※「和モダン」「ナチュラルモダン」「南欧デザイン」「北欧デザイン」「リゾートデザイン」「ラグジュアリー」「インダストリアル」「ボタニカル」という言葉を入れても、同様にピンタレストのURLにリンクします

▷施主向けサービス「O'SAKシステム」

https://www.osak.info/

「O'SAK施主向け建築知識」公式LINE

ID@osak

▷YouTubeチャンネル「Amigo住宅ゼミ」

https://www.youtube.com/@amigokoike

▷小池純インスタグラム

https://www.instagram.com/amigo.koike/?hl=ja

■連絡先

株式会社Amigo

本社：〒371-0805　群馬県前橋市南町3-68-5

東京支社：〒110-0015　東京都台東区東上野4-20-1　1F

TEL　03-5830-6293

ホームページ　http://amigo1985.com/

株式会社 Amigo の紹介

■沿革

創業は1985年。当時は私、アミーゴ小池の父が「地中海レストラン Amigo」として運営していましたが、2014年に私が運営する建築コンサルタント事業部が参入したことで、レストラン事業部と建築コンサルタント事業部を併せ持つ株式会社となりました。群馬県前橋市に本社、東京都台東区上野に支社を構えています。

■コンサルタント事業部の業務内容

弊社のコンサルタント事業部では、依頼主に応じて以下の3つのコンサルティングを行っています。

①施工店向けコンサルタント

工務店や設計事務所、ハウスメーカーなどを対象に、提供する建物のデザイン・間取り・性能の改善方法の立案、集客やホームページの改善に向けたアドバイス、自社の標準仕様をつくるうえでの提案、SNSの活用やお客様へのヒアリングのノウハウの提供など、他社との差別化や売り上げ向上を図るためのコンサルティングを実施しています。

②一般施主向けコンサルタント

一般の施主の方を対象に、「設計業務に特化したセカンドオピニオン」を提供しています。ここでは、設計の時期を3つに区分し、時期に応じてサービスの内容を変えています。

- 初期：間取り、金額、外観デザインをチェック
- 中期：実施図面・デザイン、追加金額をチェック
- 後期：施主自身が施工現場をチェックする際に活用できる「現場マニュアル」や、住まいを売却する際に活用できる、建物の情報を取りまとめた「建築カルテ」を提供

③不動産業者向けコンサルタント

不動産業者が所有する土地に対して、他社との差別化を図れるような注文住宅レベルのクオリティーを有する分譲住宅・建売住宅を提案しています。また近年は、アパートやマンションも含め、投資家向けの収益物件に関する案件にも、年間50棟以上の依頼に対応しています。

アミーゴ小池（本名：小池純）

1982 年神奈川県生まれ。群馬県育ち。工学院大学工学部建築デザイン学科卒業。建築総合コンサルタント・株式会社 Amigo 代表。大学卒業後、建築家事務所、ハウスメーカー、設計事務所を経験して、現職。建築コンサル業は、10 年程度で延べ 80 社程度の実績がある。顧客向け、プロ向けの情報を配信し、日本で一番わかりやすい建築動画配信を行っている。6000 組の家づくり接客、1500 人のプロへの指導経験あり。YouTube「Amigo 住宅ゼミ」にて動画配信中（チャンネル登録数 1.5 万人）。

構成協力：木下苗

迷える工務店・設計者のための
ココロをつかむ住宅提案術

2024 年 7 月 15 日　第 1 版第 1 刷発行

著者　アミーゴ小池

発行者　井口夏実
発行所　株式会社 学芸出版社
〒600−8216 京都市下京区木津屋橋通西洞院東入
電話 075−343−0811
http://www.gakugei-pub.jp/
E-mail info@gakugei-pub.jp
編集　知念靖廣・森國洋行（兼イラスト）

装丁　金子英夫（テンテツキ）
印刷　イチダ写真製版
製本　新生製本

ISBN 978-4-7615-2898-0